화점 정석

4. 두칸과 세칸 공격·수비 후 공격

화점 정석 4. 두칸과 세칸 공격·수비 후 공격

초판 1쇄 발행   2024년 8월 25일

지은이   이하림
발행인   조상현
마케팅   조정빈
발행처   더디퍼런스

등록번호   제2018-000177호
주소   경기도 고양시 덕양구 큰골길 33-170
문의   02-712-7927
팩스   02-6974-1237
이메일   thedibooks@naver.com
홈페이지   www.thedifference.co.kr

독자여러분의 소중한 원고를 기다리고 있습니다. 많은 투고 부탁드립니다.

ISBN 979-11-6125-497-5 13690

매 일 트 이 는
AI 바둑 핸드북

화점 정석

── 4. 두칸과 세칸 공격·수비 후 공격 ──

이하림 지음

더디퍼런스

●

●

"바둑의 신이 있다면 인간의 최고수와 몇 점이면 적당할까?" 오래 전부터 이런 궁금증이 있었습니다. 그동안 인간은 두점 접바둑이면 이긴다고 자신감에 넘치기도 했지만 막상 신급 존재인 인공지능(AI)이 등장하자 넉 점에도 목숨을 걸기 어려운 시대가 되었습니다. AI등장 초기에는 그래도 해볼만하다는 생각이 있었는데 AI가 진화에 진화를 거듭하면서 지금은 바둑의 적수가 아닌 스승으로 받아들이기에 이르렀습니다.

AI시대에는 생각지도 못했던 기술이 창궐합니다. AI가 보여주는 바둑의 세계는 정말 신비롭지요. 상식을 벗어난 수가 신기하게도 힘을 발휘하는 등 상황에 따라 변신하는 둔갑술의 천재입니다. 인간은 보이는 힘만 믿지만 AI는 보이지 않는 힘으로 세밀하게 분석하고 종합적 판단을 내립니다.

특히 바둑의 초반은 감성과 감각이 지배하는 시공간이며 단순 인공지능의 계산으로는 인간지능을 넘을 수 없는 금기의 영역이었는데, 더욱 강력해진 인공지능은 이런 고정관념을 보기 좋게 깨뜨리며 인간의 감성을 압도했습니다. 미지의 세계인 초반에도 신출귀몰한 AI는 거침없이 계산을 하며 이에 따라 정석과 포석에서도 혁명이 일어났습니다.

그동안 인공지능이 차가운 이성으로 인간 바둑의 세계를 파헤쳐왔다면 이제는 인공지능 바둑의 심오한 세계를 인간의 따뜻한 감성으로 분석할

차례입니다. 이 책의 기획 배경은 이처럼 달라진 바둑 수법을 AI의 새로운 시각으로 보여주려는 데 있습니다.

정석 분야에서는 주로 사용하는 화점과 소목이 대상인데, 우선 당면 과제인 화점 정석에서는 핸드북 네 권의 시리즈로 완결할 예정입니다. 그중에서 '화점 정석 1-2'는 가장 많이 접하는 기본적인 정석에 대해, '화점 정석 3-4'는 협공 정석에 대해 다룹니다.

본문은 유형별로 이어지며, 보충 학습을 위해 필요에 따라 유형 말미에 '원포인트 레슨'을 넣었고, 입체적 학습을 위해 각 파트의 말미에 '실전 정석활용'을 실었습니다.

전반적으로 낮은 단계에서 높은 단계까지 두루 독자의 수준에 맞춰 AI 시대를 관통하는 정석의 길잡이로 삼을 수 있도록 체계적이고 실전적이며 흥미롭게 꾸미고자 노력했습니다.

바둑의 신을 상상했던 세계가 현실이 되었습니다. 우리가 AI로부터 배울 점은 종합적 관점에 의한 대세적 안목과 열린 사고에 의한 창의적 발상입니다. 이 책에는 AI로부터 전수받은 다양한 정석과 변화들이 등장하지만 사실 AI는 정석이란 무엇인지도 모릅니다. 어차피 AI는 말이 없습니다. 오직 계산하고 판에다 실천할 뿐입니다. 전체 국면의 일부분인 정석도 인간의 언어인 만큼 어떻게 활용할지는 전국을 바라보는 여러분의 안목에 달렸겠지요.

더불어 AI시대에 바둑을 즐기면서 실력을 늘리는 비결은 모양에 구애받지 않는 자유자재한 인공지능의 냉정한 계산에 모양을 중시하는 인간의 예술적 열정으로 생명을 불어넣는 조화로운 공존 아닐까요.

 차례

1부 ☞ 두칸 공격

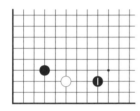
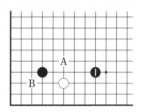
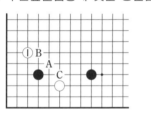
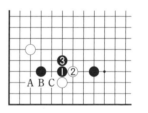
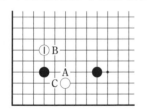
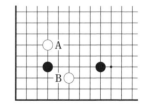

2부 ☞ 세칸 공격

7형 세칸높은협공 – 3三침입과 양걸침 별책

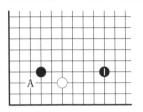

8형 세칸높은협공 – 낮은 양걸침에 붙임

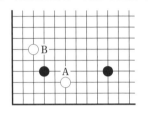

9형 세칸높은협공 – 낮은 양걸침에 모자씌움

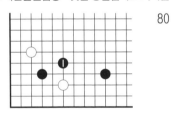

10형 세칸높은협공 – 높은 양걸침

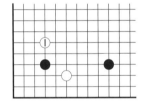

11형 세칸협공 – 높은 양걸침의 핵심 변화

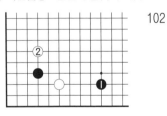

3부 ☞ 수비 후 공격

12형 수비 이후 – 한칸협공 기본

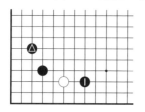

114

13형 수비 이후 – 날일자에 껴붙임

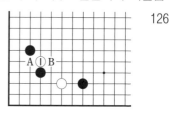

126

14형 수비 이후 – 두칸협공

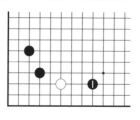

131

15형 수비 이후 – 마늘모로 붙이고 협공

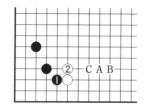

140

1부
두칸 공격

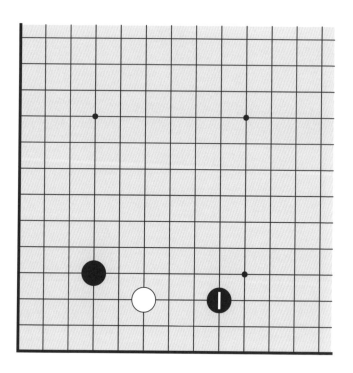

　　화점 걸침에 흑1의 두칸협공은 일단 급하지도 느슨하지도 않은 3선의 안정된 지점이다. 한칸협공과 발상은 비슷해도 상대적으로 여유가 있는 만큼 풀어가는 사고 방식이 달라져야 한다.

　　여기서는 두칸협공의 핵심에 대해 알아보며, 세세한 변화는 두칸높은협공을 참고한다.

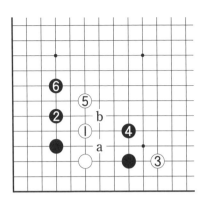

1도(백이 바람직하지 않다)

두칸협공에서도 백1로 뛴 후 3으로 같이 협공하는 것이 가능할까.

　서로 6까지 뛰는 경쟁이 되었을 때, 당장은 아니지만 흑이 a와 b로 활용하는 여유가 있는 만큼 백이 한칸협공에서 두었던 방식을 적용하면 바람직하지 않다.

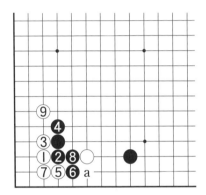

2도(준동하는 수단이 남는다)

백1의 3三침입이면 가장 알기 쉽다. 이하 9까지 잘 알려진 정석이다. 다만 그동안 많이 두던 흑8의 이음은 백이 a로 준동하는 수단이 남아 흑의 부담으로 작용한다. 따라서 이 정석은 주변 상황을 따져 사용하는 것이 현명하다.

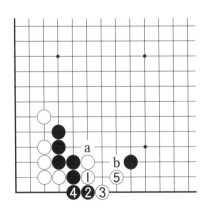

3도(준동의 예)

백은 이른 시기라도 1 이하 5로 간단하게 준동할 수 있다.

　다음 흑a면 백b로 흑이 불리한 흐름이고, 흑b면 백이 a로 나가 싸울 수 있다.

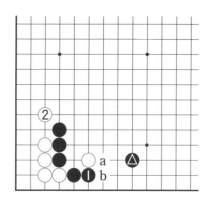

4도(진화된 수비법)

2도 백7 때, 흑은 1로 늘어서 보강한 다음 백2에 손을 빼는 것이 AI시대의 진화된 수비법으로 사용된다.

이후 백a로 움직이면 흑b로 넘어가서 별일 없다는 뜻이다.

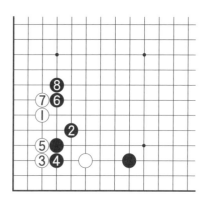

5도(미지근한 마늘모)

백1의 양걸침은 싸움을 마다하지 않는 능동적인 수단이다. 이때 흑2의 마늘모 진출은 미지근하다.

백3으로 3三에 침입하면 흑4로 막고 6으로 모양을 키우려는 뜻도 있지만, 백은 7로 밀어놓고 손을 빼도 충분하다.

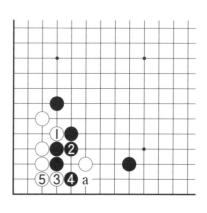

6도(흑, 엷은 모양)

앞 그림 흑6 때 백1의 호구도 급소이고 3, 5로 젖혀 이으면 흑이 a로 지켜도 모양이 엷다.

흑도 여기서 손을 빼는 것이 현명하며, 백은 알찬 실리를 얻어 충분하다.

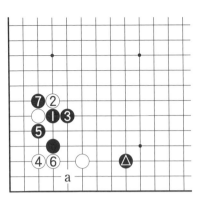

7도(흑, 반대쪽 붙임)

흑도 출발은 양걸침 어딘가에 붙이는 것이 보통이다. 흑1로 내 편(△)이 있는 반대쪽에 붙이면 백 2, 4의 수순으로 귀에 침입해서 7까지 변화가 일어난다. 흑△의 위치가 두칸이라 a의 노림은 없지만, AI는 서로 타협으로 본다.

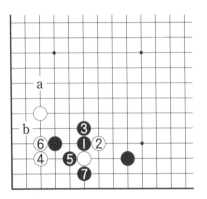

8도(내 편에 붙임)

흑1로 내 편이 있는 쪽으로 붙이고 백2에 흑3으로 늘면 7까지 변화가 일어난다. 이번에는 흑이 a로 압박해서 b의 치중을 노릴 수 있지만, AI는 백이 약간 기분 좋은 결과로 본다.

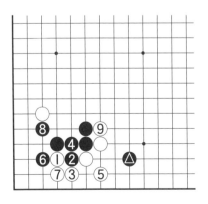

9도(흑, 불리)

앞 그림 흑3 때 백이 하변을 중시하면 1의 붙인다.

이때 흑2, 4로 끼워 이으면 이하 7까지 백의 모양이 정비되며 흑은 △의 위치가 이상하다. 흑8과 백9로 서로 정비하지만 흑이 불리한 흐름이다.

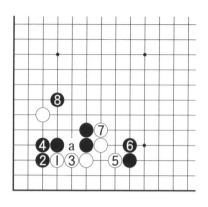

10도(어려운 싸움)

백1로 붙일 때는 흑도 2, 4로 귀를 지키는 것이 현명하다.

뒤가 어렵지만 백은 5, 7로 근거를 마련해 나가며 a의 끊는 맛을 노리는 것이 일책인데, 흑도 귀를 토대로 8로 좌변을 제어하면 충분히 싸울 수 있다.

11도(흑의 실전적 방안)

흑이 8도를 피하고 싶다면, 백△로 젖힐 때 흑1의 끊음도 AI가 알려주는 실전적 방안이다.

이하 9까지 백이 중앙을 활용한 후 손을 빼면 서로 타협으로 본다.

12도(각자의 길)

흑1에 백2로 즉각 침입하는 것도 일책이다. 이때 무난하게 두자면 흑3과 백4로 각자의 길을 간다.

물론 귀의 실리를 깔끔하게 차지한 백이 나쁠 리 없다. 다음 흑 a로 한점을 잡으면 단단하지만 발이 늦고, 여기를 방치하면~

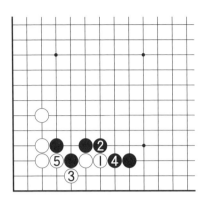

13도(백의 실리)

백1로 움직이는 맛이 생긴다. 흑이 2로 중앙을 차단하면 백3, 5로 넘어가서 백의 실리가 제법 알차다.

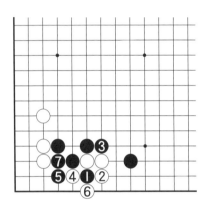

14도(귀로 넘는 것을 차단)

흑도 1로 젖혀 귀로 넘는 것을 차단하는 것이 우선이다.

백2로 변을 막으면 흑도 3으로 중앙을 막은 후 7까지 필연이다.

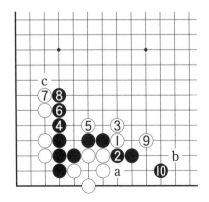

15도(나가서 싸우는 경우)

이다음 백은 1, 3으로 나가 싸울 수 있다. 흑4에 백5가 모양의 급소이며, 이하 10까지 AI의 유력한 변화이다. 당장 백이 a로 하변을 살리면 불리하고, b든 c든 국면을 넓게 이용하면 기분 좋은 흐름으로 본다.

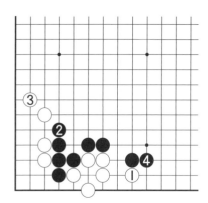

16도(하변을 살리는 경우)

14도 다음 백이 중앙 싸움을 피하고 싶다면, 1로 붙여 하변을 살릴 수 있지만 소극적 선택이다.

흑은 2, 4로 모양을 두텁게 정리해서 불만 없다.

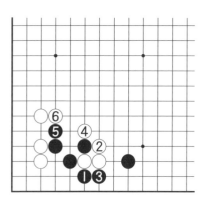

17도(백, 중앙 중시)

흑1 때, 백이 중앙을 중시하면 2로 나가서 6까지 AI가 알려주는 변화이다.

흑도 2선이지만 선수로 연결이 되므로 안심이다.

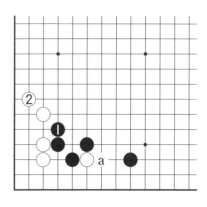

18도(흑의 간접적 보강)

12도 다음 흑1로 중앙을 두텁게 한 후 손을 빼면 백a로 움직일 때 중앙 전투에 도움을 줄 수 있다.

흑의 간접적 보강인데, 백도 2로 지키면 진영이 단단해져 불만 없다.

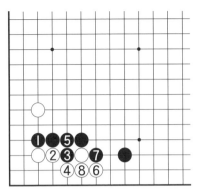

19도(실리와 세력 대결)

12도 백2 때 흑1로 좌변 쪽의 차단은 바깥을 봉쇄하면서 넓게 두려는 뜻이다. 백2에 흑3으로 끼우면 8까지 필연이며, 전형적인 백의 실리와 흑의 세력 대결이다.

다음 흑은 약점을 어떻게 지키느냐가 중요한데~

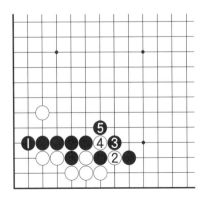

20도(흑, 두터운 이음)

흑이 자체에서 해결하려면 a보다 1로 잇는 것이 두텁다.

백도 2로 벌려 세력을 견제하면 서로 타협이다.

21도(방어의 기술)

19도 다음 흑1로 귀를 엿보는 것도 능동적 수단이다. 백2로 약점을 건드리면 흑3, 5로 봉쇄하는 것이 방어의 기술이다.

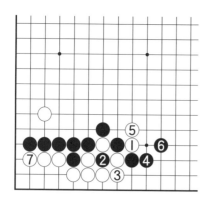

22도(중앙 운영이 초점)

이다음 백1로 끊더라도 흑은 2를 선수한 후 4로 늘어 버틸 수 있다. 백도 5로 움직인 후 7로 귀를 단속하면 불만 없는 흐름이다.

앞으로 중앙 운영이 서로 초점이다.

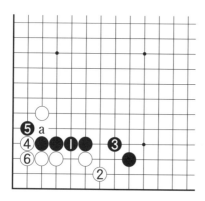

23도(일순위 정리법)

19도 백2 때 흑1로 잇고 백2에 흑3으로 지키는 것이 AI가 알려주는 일순위 정리법이다.

백4, 6에 초반이라면 흑이 a로 잇지 않고 손을 빼는 것이 넓은 안목이며, 서로 타협된 결과이다.

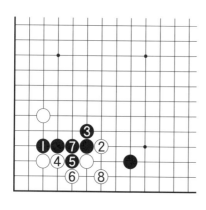

24도(흑, 참담한 결과)

흑1에 백이 봉쇄를 파하자면 2의 젖힘을 둘 수 있다. 이때 흑3에 뻗고 이하 8까지 되면 순식간에 백이 귀를 차지하고 중앙도 모양을 갖추며 돌파한다.

흑이 9도보다 훨씬 못한 참담한 결과가 되었다.

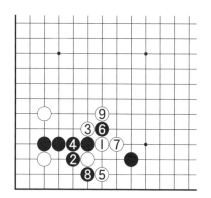

25도(흑, 호구로 막는 경우)

백1 젖힘에는 흑도 귀쪽 어딘가 막는 것이 급선무이다.

흑2 호구로 막으면 백도 3 다음 5의 호구가 탄력적이며, 이하 9까지 AI의 변화인데 중앙 한점을 잡은 백이 충분하다.

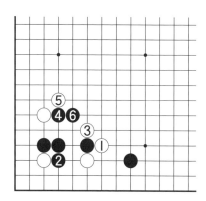

26도(흑, 꼬부려 막음)

AI의 눈에는 백1 젖힘에 흑2로 꼬부려 막는 것이 좋다.

백3 단수에는 흑이 잇지 않고 4, 6으로 진출하는 것이 효율적이다.

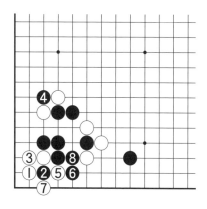

27도(적당히 타협된 결과)

이다음 귀는 백1 마늘모가 맥이고 흑도 2로 단수한 다음 4의 끊음이 좋은 수순이다.

이하 8까지 진행되면 적당히 타협된 결과로 본다.

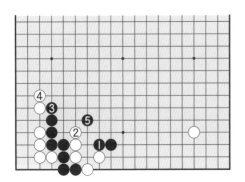

장면

이 장면에서 흑1 이하 5까지 가두면, 백은 어떻게 대응할지 생각해보자.

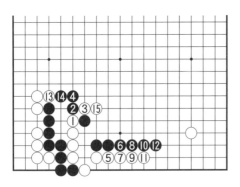

1도(백이 충분한 싸움)

백1, 3으로 끊어놓고 5 이하 11까지 근거를 위해 밀어가는 것은 필연이다. 흑12로 늘면 백13의 활용 다음 15로 움직여서, AI는 백이 충분한 싸움으로 본다.

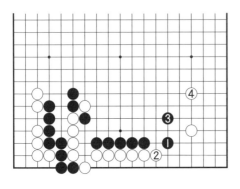

2도(백이 편한 흐름)

앞 그림 백11 때, 흑1의 뜀이 유연하지만 백2로 나가고 흑3에 백4로 뛰면 백이 약간 편한 흐름으로 본다.

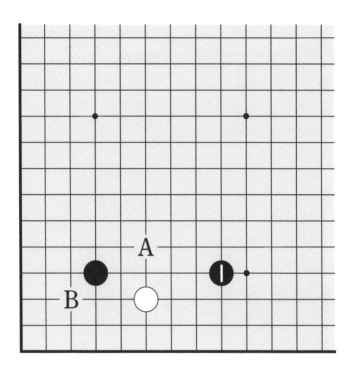

　화점 걸침에 흑1의 두칸높은협공은 낮은 두칸협공에
비해 중앙 두터움을 중시한다. 변화도 다양한데, 여기서
는 우선 백이 A로 뛰거나 B로 침입하는 수단에 대해 알
아본다.

　미리 말하자면 특별한 상황이 아니라면 A의 뜀은 거
의 두지 않고 B의 침입이 일반적이다.

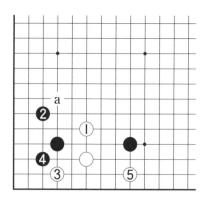

1도(백, 엷음)

백1로 뛰면 흑2로 받은 후 5까지 예전에 많이 두던 변화이다. 지금은 백의 낮은 자세로 안정한 모양이 엷다고 해서 특별한 상황이 아니면 거의 두지 않는다.

백5로는 차라리 a 어깨짚음이 능동적이다(AI 견해).

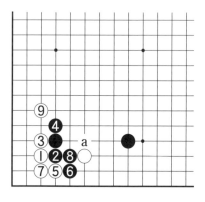

2도(활용하는 맛)

백의 모양에는 흑1, 3으로 추궁하는 수단이 남아있다.

백4, 6으로 한점을 잡을 때 흑은 상황에 따라 a나 b로 활용할 수 있다.

3도(간명한 3三침입)

백1의 3三침입이면 간명하다. 흑2로 막은 후 9까지 그동안 많이 두던 수순으로 전형적인 흑의 세력과 백의 실리 대결이다.

다음 흑이 a로 두면 모양이 완전하지만 발이 느려 불만이므로 손을 빼는 것이 보통이다.

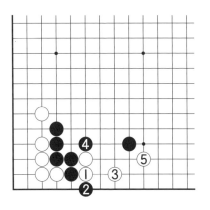

4도(준동하는 맛)

흑의 모양에는 백1로 준동하는 뒷맛이 남아있다.

흑2로 차단하면 백3, 5로 변에 진출하거나, 다른 활용으로 흑의 진영을 괴롭힌다.

이런 활용을 흑이 피하자면~

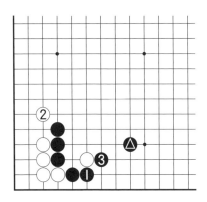

5도(완전무결)

흑1, 3으로 지키는 것도 AI가 알려주는 수순인데, 후수이지만 두텁고 완전무결하다.

다만 흑▲가 약간 비효율이므로, 꼭 선수가 필요한 경우에는 3도, 그렇지 않다면 이 그림이 안정적임을 기억해둔다.

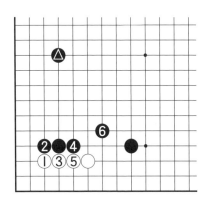

6도(기착점이 있는 경우)

흑▲의 기착점이 있는 경우, 백1의 침입에 흑이 좌변 세력을 살리자면 2쪽에서 막는 것이 보통이다. 흑4에 백5로 이으면 흑6의 날일자 행마가 AI가 추천하는 중앙 봉쇄법이다.

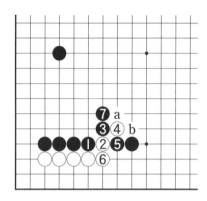

7도(흑의 부담)

앞 그림 백5 때 흑1로 막으면 백이 2, 4의 이단젖힘으로 리듬을 타고 나간다.

흑이 5, 7로 정비해도 백이 a나 b로 움직이는 맛이 남은 만큼 흑의 부담이다.

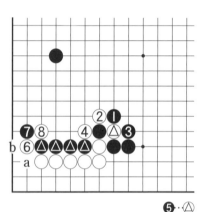

⑤‥△

8도(흑이 크게 당하는 수순)

이 과정에서 흑이 1로 한점을 축으로 잡을 수 있더라도 무모하다. 백은 2, 4로 단수치는 수순이 교묘한데 흑5로 이으면 백6, 8로 끊는 것이 결정타이다. 흑a로 한점을 잡아도 백b로 키운 후 흑△ 넉점을 조이면 흑이 크게 당한다.

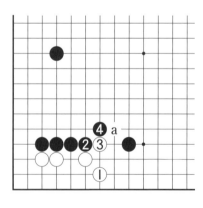

9도(일순위 추천)

6도 흑4 때, AI는 백1의 마늘모 수비를 일순위로 추천한다.

흑2로 막으면 백3 다음, 이번에는 백이 a로 젖히지 않고 손을 빼는 것이 무난하다.

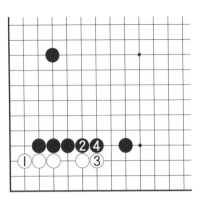

10도(백의 일책)

백1로 귀에서 늘어 정비하는 것
도 일책이다.

이때 흑2, 4로 막으면 AI 안목
에서 백이 기분 좋은 흐름으로
본다. 백1에 차라리 흑은 손을 빼
라고 한다.

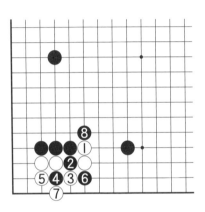

11도(올라서는 경우)

6도 흑4 때, 백1로 올라서면 흑
2, 4로 나가 끊은 후 7까지는 상
용 수순이며 흑8로 젖힐 때 백의
다음수가 중요하다.

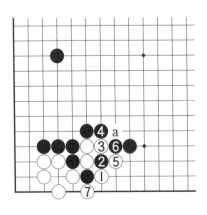

12도(교묘한 단수)

백1로 한점을 잡으면 흑2로 끊어
단수치는 것이 교묘하다. 백3이
면 흑4, 6을 활용해서 중앙을 정
비한 후 손을 빼는 것이 자연스
런 행마의 리듬이다. 백도 a로 끊
는 맛이 있으니, AI는 서로 어울
린 진행으로 본다.

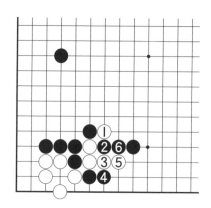

13도(예전에 많이 보던 수순)

11도 다음 백1의 젖힘은 흑의 진영에 흠집을 내겠다는 뜻이다.

이때 흑2로 끊은 후 6까지는 예전에 많이 보던 수순인데 AI의 판단을 알아보자.

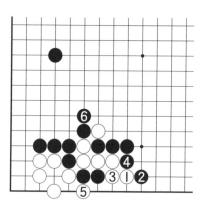

14도(백이 기분 좋은 진행)

이다음 백1의 마늘모는 수비 기술이고, 흑은 2, 4를 결정한 후 6으로 정돈하면 일단락이다.

AI 안목에서는 중앙 흑 모양에 약점이 많아 실리가 알찬 백이 기분 좋은 진행으로 본다.

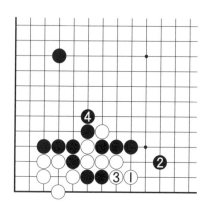

15도(흑이 더욱 못한 진행)

백1에 흑2의 날일자는 하변의 약점을 보완하며 정돈하는 기술로 많이 쓰이지만, AI 안목에서는 앞 그림보다 흑이 더욱 못하다.

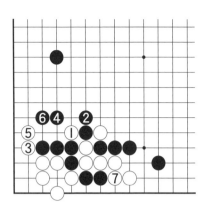

16도(백, 후수로 손해)

앞 그림 흑2 때, 백이 1로 단수치고 3으로 젖히면 6까지 좌변을 조금 파괴할 수 있지만, 어차피 백7로 지키면 후수가 되는 만큼 오히려 손해이다.

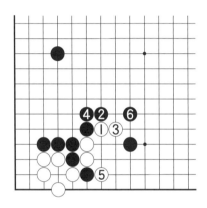

17도(흑, 이단젖힘)

백1로 젖히면, AI는 흑도 2의 이단젖힘이 효과적이라 본다.

백3에 흑4로 잇고 백5에 흑6으로 씌우면 흑도 중앙이 두터워서, 실리와 세력의 구도가 적당한 타협으로 본다.

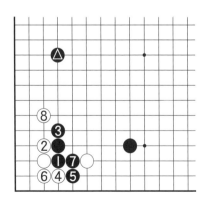

18도(선수를 잡는 넓은 안목)

백의 3三침입에, AI바둑은 흑⓿ 기착점에도 불구하고 흑1 쪽에서 막은 후 8까지 진행도 가능하다.

인간바둑의 이론에는 맞지 않지만, 선수를 잡기 위한 넓은 안목으로 본다.

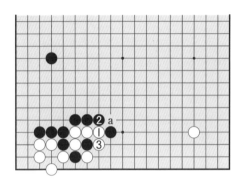

▦ 장면

이 장면에서 백1, 3으로 두고 흑이 손을 빼는 경우, 백이 a로 끊으면 흑은 어떻게 대응할지 생각해보자.

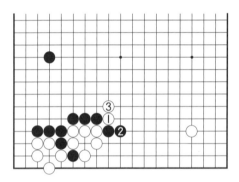

1도(흑의 엇박자)

백1로 끊을 때 흑2로 늘면 백3이 중앙 세력을 좌우하는 요소이다. 더구나 흑은 좌변 세력이 약화되었으니 엇박자를 타고있다.

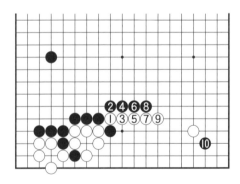

2도(세력을 살리는 길)

백1로 끊으면 흑2 이하 8까지 밀어놓고 10으로 침입하는 것이 좌변 세력을 살리는 타협의 길이다. 하변 일방가를 허용했지만 흑도 세력과 실리의 리듬을 탔다.

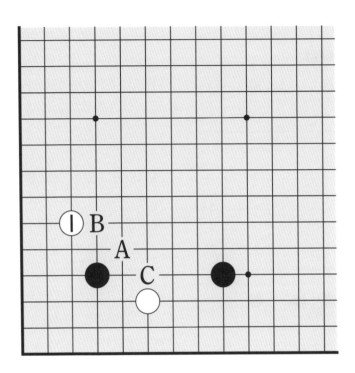

이번에는 흑의 두칸높은협공에서 백1의 낮은 양걸침에 대해 알아본다.

흑의 대응은 보통 A~C의 셋 중 하나이다. 흑A의 마늘모는 두칸협공에서도 배웠듯이 실리가 취약해서 선택하기 어렵다. 따라서 흑B와 C의 붙임으로 선택이 좁혀진다.

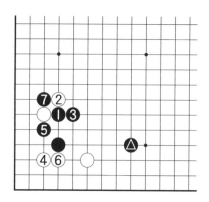

1도(상대가 강한 편에 붙임)

흑1로 상대가 강한 편에 붙이면 백2, 4로 젖히고 3三에 침입하는 수순을 기억해두면 간명하다.

이하 7까지 필연인데, 흑❹의 역할이 약해 보이지만 AI는 서로 불만 없는 타협으로 본다.

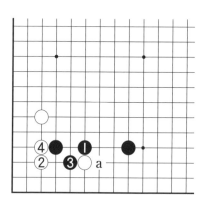

2도(내 편이 있는 곳에 붙임)

흑1로 내 편이 있는 곳에 붙이면 여러 갈래의 변화가 일어난다.

우선 백2의 3三침입에 흑3으로 하변을 막는 것은 백4에 손을 빼려는 간명책이지만 단점이 남는다. 그렇다고 흑이 a로 지키는 것은 견실하지만 발이 늦다.

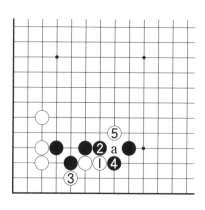

3도(준동하는 수단)

하변에는 백1로 준동하는 수단이 남아 개운하지 않다. 흑2로 막으면 백3으로 넘고 흑4에 백5의 활용이 효율적이다.

이때 흑a로 잇는 것은 백의 의도이며 백이 손을 빼도 만족이다.

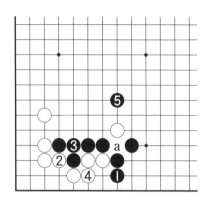

4도(활동적인 방어책)

흑은 손을 빼는 것이 나은데, 자체에서 해결하자면 1을 선수한 후 중앙에서 5로 백a의 끊음을 유도하는 것도 AI가 제시하는 활동적인 방어책이다. 백도 당장 a로 끊으면 불리하고, 노림으로 남기며 두면 충분하다.

5도(능동적 지킴)

2도 다음 흑1로 중앙을 두텁게 하고 백2에 흑이 손을 빼는 것은 두칸협공에서도 보았던 방안인데, 하변을 능동적으로 지키려는 뜻이다.

6도(무난한 활용)

차후 백1로 움직이면 흑2의 젖힘이 귀의 연결을 차단하는 효율적 방안이다.

백도 3으로 배후에서 활용한 후 흑4로 단속할 때 손을 빼면 무난하다.

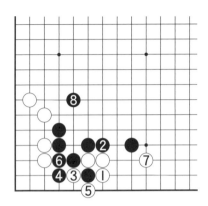

7도(두점을 살리는 경우)

앞 그림 흑2 때, 백이 두점을 계속 살린다면 1로 막은 후 7까지 진출도 일책이다.

흑도 8의 날일자 행마가 모양을 확대하는 명당이다.

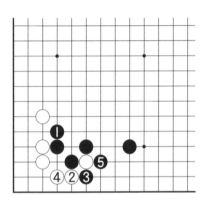

8도(흑, 두터움)

흑1 때 백2, 4는 좌변에서 지키지 않고 귀에서 실리 이득을 보며 선수를 잡겠다는 뜻이다.

그러나 AI는 흑5로 한점을 따내면 후수라도 두터워 흑이 충분한 결과로 본다.

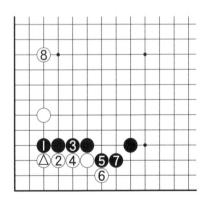

9도(흑, 좌변 쪽에서 막음)

백△의 침입에 흑1로 좌변 쪽에서 막는 것이 넓은 공간을 활용하려는 뜻으로 많이 둔다.

이하 백6 때 흑7로 늘면 무난하고, 백도 8로 벌려 좌변을 제어하면 서로 타협이다.

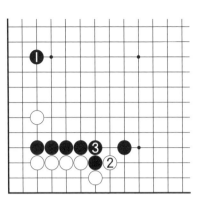

10도(주도적 협공)

앞 그림 백6 때, 흑이 1로 좌변부터 협공하는 것도 주도적 선택이다. 그러면 백도 2의 단수가 자연스럽게 선수 권리가 된다.

전형적인 흑의 세력과 백의 실리 대결이다.

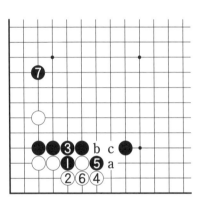

11도(흑이 끼우는 경우)

9도 백2 때, 흑이 1로 끼운 후 6까지 눌러도 9도와 비교해 이득은 없다. 이때는 흑이 a로 늘기보다 7의 협공이 낫고, 백a 단수에 흑b나 c, 어느 쪽이든 방어할 수 있다.

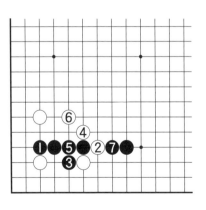

12도(흑이 편한 진행)

흑1에 백이 중앙으로 나가고 싶다면 2로 젖히는데, 흑은 귀에서 막아야 하며 이후 복잡한 싸움은 피할 수 없다. 흑3 호구로 막는 경우 백4, 6으로 좌변과 연결하면 흑이 7의 급소로 하변을 차단해 편한 진행이다.

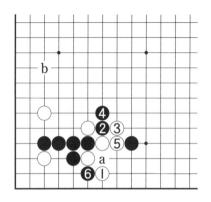

13도(어려운 싸움)

앞 그림 흑5 때 백1의 호구 행마가 모양을 갖추는 상용 수단이다.

흑2로 끊은 후 6의 단수 때, 백은 상황에 따라 a로 잇거나 b의 벌림을 선택할 수 있다. 서로 어려운 싸움이다.

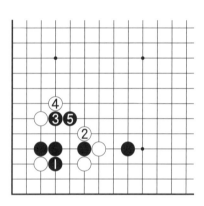

14도(흑, 꼬부려 막음)

12도 백2 때 흑1로 유연하게 꼬부려 막는 것이 AI의 일순위 추천이다.

백2 단수에 흑은 잇지 않고 3, 5로 나가는 것이 자연스럽다.

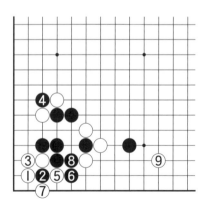

15도(적절한 타협)

이다음 백1의 마늘모 행마가 귀의 맥이고, 흑은 2의 단수 후 4로 끊는 것이 효율적 대응이다.

백도 5, 7로 귀를 살린 후 9로 하변을 견제하면, 서로 적절한 타협으로 본다.

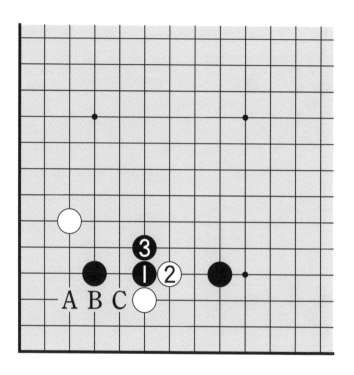

　흑1로 내 편이 있는 곳에 붙일 때, AI는 백2로 먼저 젖히는 것을 일순위로 보며 흑3의 뻗음은 필연이다.

　다음 백은 A∼C의 세 자리 선택이 보통인데, 이후의 변화에 대해 알아본다.

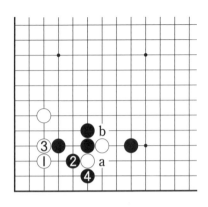

1도(3三침입의 경우)

백1의 3三침입이면 흑2, 4의 수
비는 필연인데, 흑의 두터움과 백
의 실리 경쟁이다. AI 안목에서
는 일순위 추천이며, 선수인 백이
충분하다고 본다.

참고로, AI는 흑4를 a나 b로
지켜도 비슷한 가치로 판단한다.

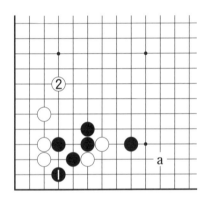

2도(귀를 엿보는 수)

앞 그림 흑4 대신 1로 귀를 엿보
는 수는 하변을 능동적으로 처리
하겠다는 뜻이다.

그러나 AI는 백이 2로 지키면
서 차후 a로 다가서는 맛을 노리
면 충분하다고 본다.

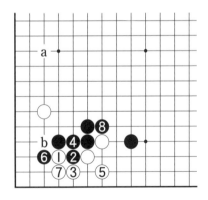

3도(백이 편한 진행)

처음으로 돌아가서 백1의 붙임은
하변에 모양을 갖추려는 뜻이다.

이때 흑2, 4로 끼워 잇는 것은
8까지 결정되고 나서, 백이 a로
벌려도 충분하지만 b로 한점을
잡으면 더욱 편한 진행이다.

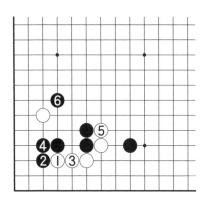

4도(싸우는 흐름)

백1에 흑은 2로 귀에서 막는 것이 정수이다.

　그러면 백은 3, 5로 중앙에 진출하고 흑은 6으로 한점을 압박하며 싸우는 흐름이 된다.

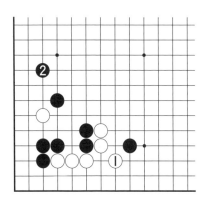

5도(백, 하변 안정)

이다음 백이 1로 하변에 안정하면, 흑도 2로 좌변을 제압해서 불만 없다.

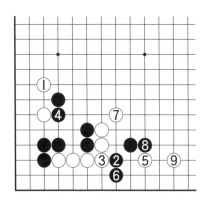

6도(하변의 공방)

백은 좌변 1로 진출하는 것이 능동적이고, 흑은 2를 활용한 후 4로 대응하는 것이 행마의 요령이다. 백5가 모양의 급소이며, 이하 9까지 AI가 제시하는 하변의 공방이다.

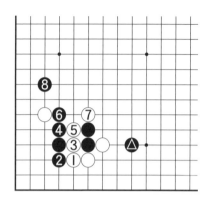

7도(피장파장)

처음으로 돌아가서, 백1의 진입
은 예전에 많이 두었던 수단이다.

흑2에 백3은 귀를 끊으려는 뜻
인데, 흑이 싸움을 피하려고 4로
늦추며 8까지 되면 흑의 실리가
크지만, 백도 두텁고 흑△도 공격
대상이 되어 피장파장이다.

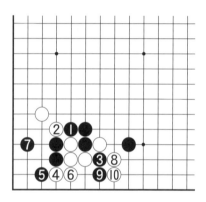

8도(끊어 싸우는 경우)

앞 그림 백3 때, 흑은 1로 막고
백2로 끊으면 흑3으로 끊어 싸울
수도 있다.

변화가 많지만, AI 안목에서
이 싸움은 흑이 불리할 일이 없
다. 백이 축이 유리해서 4, 6 다
음 8, 10으로 두점을 잡으면~

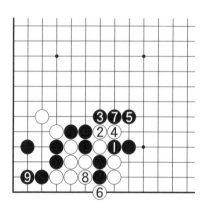

9도(흑, 중앙 축이 불리할 경우)

흑1로 단수치고 5까지 포위하며
중앙을 방어한 후 9로 귀를 지켜
타협할 수 있다.

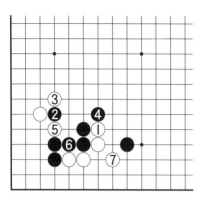

10도(기본적 수순)

7도 흑2 때, 백은 1로 진출하는 것이 정수이고 흑은 2, 4의 수순으로 젖히는 것이 행마의 요령이다. 이하 7까지도 기억해둘 기본적 수순이다.

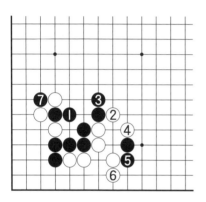

11도(무난한 타협)

이다음 흑1로 이으면 백은 1, 3의 호구 정비가 두터운 수단이다.

흑도 5의 활용이 권리이며, 7로 끊어 좌변을 제압하면 서로 무난한 타협이다.

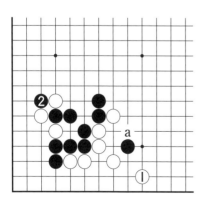

12도(백, 날일자달림)

앞 그림 하변에서 흑의 활용이 싫다면, 백은 a의 호구 대신 1의 날일자달림도 생각할 수 있다.

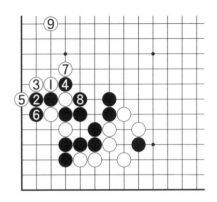

13도(과거 활용법)

11도 다음 백이 좌변을 운영한다면, 1 이하 7까지 양쪽을 단수치면서 9로 모양을 잡는 것이 과거 활용법이었다.

AI 안목에서는 백이 엷어 바람직하지 않은 행마로 본다.

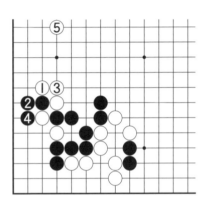

14도(효과적 활용)

AI 안목에서는 평범하지만 백1 이하 5까지 모양을 잡는 것이 가장 효과적 활용으로 본다.

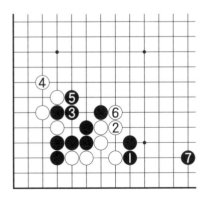

15도(흑, 하변 선수 후 이음)

10도 다음 하변 흑1을 선수한 후 3으로 잇는 것도 유력하다.

백도 좌변 보강이 우선인데, 4의 호구로 지키면 흑도 5와 백6을 교환한 후 흑7의 하변 벌림이 AI가 제시하는 타협 행마이다.

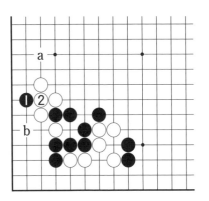

16도(교묘한 응수타진)

앞 그림 백4 때 흑1은 교묘한 응수타진이다. 백은 2로 잇는 것이 무난하며, 흑은 a로 좌변 백을 압박하든가, b로 근거부터 마련하고 좌변과 하변 백을 노리며 두는 흐름이 된다.

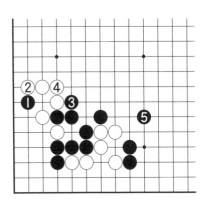

17도(중앙 봉쇄)

흑1 때 백이 능률적으로 둔다고 해서 2로 막으면 흑3이 선수가 되고 5로 포위한다.

그러면 백이 중앙으로 탈출하기 어렵고, 안에서 겨우 산다 해도 두터움을 허용해서 불리하다.

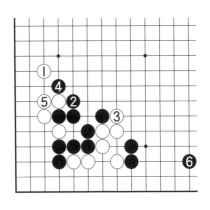

18도(백, 날일자 지킴)

16도의 응수타진을 피하려면, 백1의 날일자 지킴도 일책이다.

흑2에 백3의 보강은 필연이며, 흑도 4를 선수한 후 6으로 하변에 벌리면 무난한 타협이다.

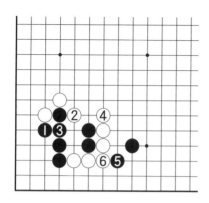

19도(흑, 유력한 막음)

거슬러 올라가 10도 백3 때, 흑1
로 막고 귀의 실리로 돌아서는
것도 유력하다.

백2, 4로 중앙이 강화되지만,
흑은 5를 선수하며 하변을 돌보
면서 대항하면 충분하다.

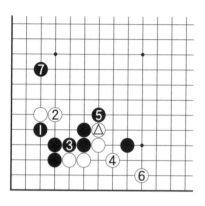

20도(간명책)

백△ 때로 더 거슬러 올라가, 흑
이 싸움을 피하기 위함이면 단순
히 1, 3으로 귀의 지킴도 간명책
이다. 백4로 하변을 지키면 흑5
의 젖힘이 중앙 요소이고, 백6으
로 안정할 때 흑7로 협공하는 흐
름이 활동적이다.

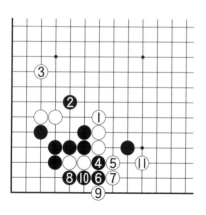

21도(백, 중앙 중시)

앞 그림 흑3 때 백1로 중앙을 중
시하면, 흑도 2로 진출한 뒤 4 이
하 10까지 두점을 잡는 것이 무
난하다. 백도 11로 양쪽 변을 정
리하면 서로 타협이다.

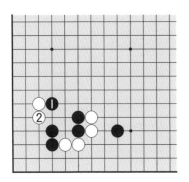

▦ 장면

이 장면에서 흑1로 붙일 때 백2로 진입하면, 흑은 어떻게 대응할지 생각해보자.

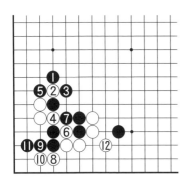

1도(경쾌한 행마)

흑1 뜀이 경쾌한 행마이다. 백2로 끼운 후 4, 6으로 끊는 것이 교묘하며, 이하 흑11 때 백이 중앙을 중시하면 12로 호구친다.

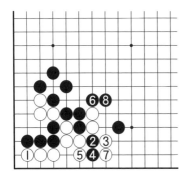

2도(끊어서 활용)

앞 그림 흑11 때, 백이 귀의 실리를 중시하면 1로 넉점을 잡는다.

흑도 2로 끊어놓고 8까지 활용하며 중앙을 다스리면 후수라도 불만 없다.

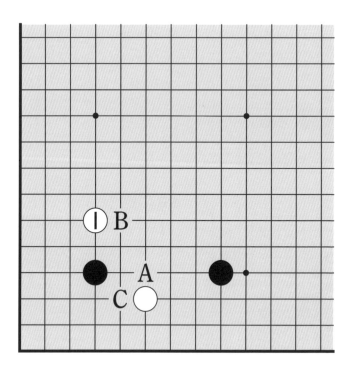

　이번에는 흑의 두칸높은협공에서 백1의 한칸 양걸침에 대해 알아본다.

　높은 양걸침인 만큼 중앙을 중시한 수단인데, 이때는 흑이 A~C의 세 군데 붙임을 모두 둘 수 있다. 우선 흑 A의 붙임부터 시작한다.

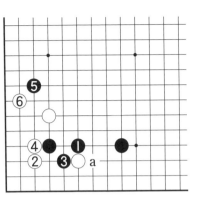

1도(간명책)

흑은 내 편이 있는 쪽으로 1의 붙임을 그동안 많이 두었다.

백2의 3三침입에 흑3의 호구막음은 간명책이다. 백4 다음, 상황에 따라 흑a의 지킴도 단단하지만 발이 늦다. 높은 걸침이기에 흑5의 활용은 유효하다.

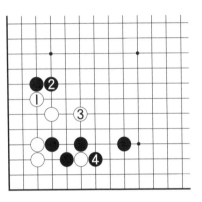

2도(하변을 지키는 리듬)

앞 그림 백6의 날일자는 AI가 추천하는 적극적 지킴이다.

백1, 3으로 나가면서 노골적으로 방어하면, 흑도 4로 자연스럽게 하변을 지키는 리듬이 생긴다.

AI 안목에서는 백이 선수라도 바람직하지 않은 흐름으로 본다.

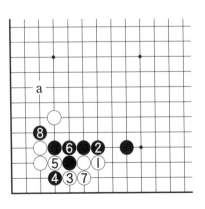

3도(백이 하변을 움직이는 경우)

이번에는 백이 하변을 움직이는 경우를 알아보자.

좌변 흑a의 활용이 없다면 백1, 3으로 넘을 때 흑도 4의 젖힘이 효과적이다. 그러면 백5, 7에 흑8로 도발하는 리듬이 생긴다.

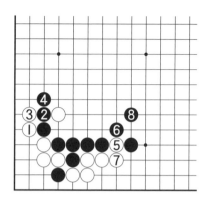

4도(중앙 두터움 허용)

이다음 백이 1, 3으로 젖혀 밀어 놓고 변도 8까지 선수로 정리해 실리를 차지하면 간명하지만, 중앙 두터움을 허용해 AI 안목에서 백이 바람직하지 않다.

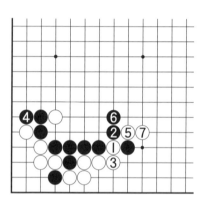

5도(교묘한 수순)

귀에서 백이 하나만 젖혀놓고 1로 변을 공략하는 것이 AI가 제시하는 교묘한 수순이다.

흑4로 막은 후 7까지 서로 변을 단속하며 타협이 이루어진다.

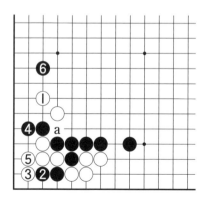

6도(백, 좌변 중시)

3도 다음, 백1의 마늘모도 좌변을 중시하는 교묘한 행마이다.

흑도 2, 4로 키워서 선수한 후 a로 잇지 않고 6으로 대응하는 것이 능동적이며, 서로 어려운 싸움이다.

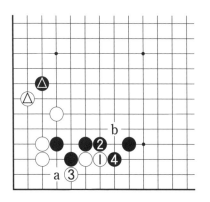

7도(좌변 활용이 있는 경우)

좌변 흑▲와 백△로 활용이 되어 있는 경우 백1, 3으로 넘으면 흑 a로 차단할 수 없다.

둔다면 흑4로 막는 정도이며, 백은 b로 활용하며 하변을 부순 실속이 알차다.

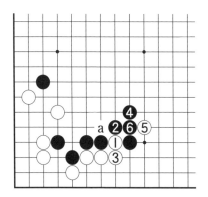

8도(흑이 손을 빼는 경우)

앞 그림에서, AI는 마지막 흑4로 차라리 손을 빼는 것이 폭넓은 발상으로 본다.

이후 백이 두면 1로 끼운 후 6까지 중앙이 정리된다. 흑은 a의 단점이 염려 되지만~

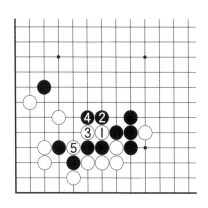

9도(백이 끊는 경우)

백1로 끊으면 흑은 일단 손을 빼거나 2, 4를 결정하고 나서 손을 빼도 된다.

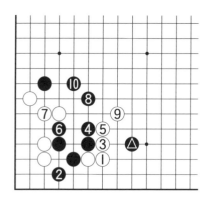

10도(하변 싸움)

백1로 움직일 때 처음부터 흑2로 귀와 차단하면 하변에서 싸움이 일어난다.

　백3, 5로 밀어가며 10까지 AI가 제시하는 변화인데, 흑도 ▲가 차단되어 앞날을 예측할 수 없다.

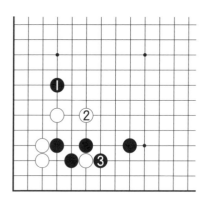

11도(흑의 일책)

되돌아가서, 흑1로 높게 다가서면 백2에 흑3으로 자연스럽게 한 점을 잡을 수 있다.

　흑의 일책이지만, 백2는 하변 3으로 움직여서 싸울 수도 있으니 흑도 이를 대비해야 한다.

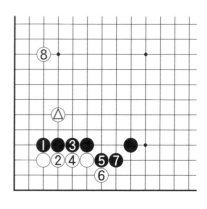

12도(능동적 막음)

1도 백2 때, 흑1로 좌변 쪽에서 막으면 능동적이지만 복잡한 변화도 기다린다.

　백2로 넘고 이하 8까지면 무난한 진행인데, 백은 △로 높은 것이 약간 흠이다.

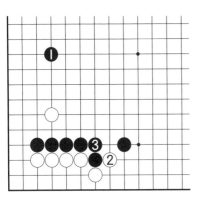

13도(흑, 좌변 중시)

앞 그림 백6 때 흑이 좌변을 중시하면 1로 협공한다.

그러면 백2의 단수 활용은 백의 권리이다.

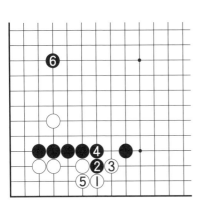

14도(백, 마늘모 지킴)

12도 흑3 때, 백1의 마늘모가 AI의 일순위 지킴이다.

흑2로 추궁하면 백3, 5로 하변이 정리되며, 흑6으로 협공하면 앞 그림과 비슷한 진행이다.

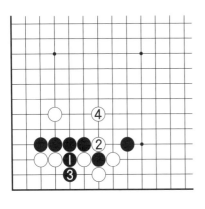

15도(바꿔치기로 타협)

앞 그림 백3 때, 흑1로 반발하면 이하 4까지 바꿔치기로 타협된다. 백이 이 그림을 피하려면, 앞 그림 흑2에 가만히 백5로 잇는 것도 일책이다.

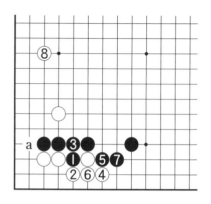

16도(흑, 끼워이음)

흑이 14도 백의 하변 진출을 막으려면, 이 시점에서 흑1로 끼운 후 7까지 둘 수 있다.

백8로 벌리면 12도와 비교해 귀의 모양만 달라졌을 뿐인데, AI는 백도 충분한 결과로 본다.

차후 흑a는 귀에 선수인데~

17도(효과적 제압)

그렇다고, 앞 그림 흑7 때 백1, 3으로 귀를 결정하면 흑4로 호구치는 자세가 백△의 제압도 겸해서 아주 효과적이다.

일거에 흑의 세력이 압도하는 모양이다.

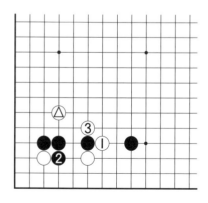

18도(행마의 리듬)

백△로 높을 때는, 이 시점에서 백1의 젖힘도 유력하다.

이때 흑2로 꼬부려 막으면 간명하지만, 백도 3의 단수가 △와 어울려 행마의 리듬이 생긴다.

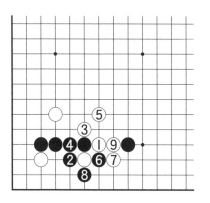

19도(흑이 알차다)

백1 젖힘에는 흑2 호구로 막는 것이 활동적이다.

　이때 백3, 5로 중앙부터 지켜 9까지 되면 무난하지만, AI 안목에서는 한점 빵따낸 흑이 알차다.

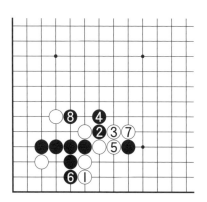

20도(한점을 살리는 것이 우선)

앞 그림 흑4 때, 백도 1로 늘어 한점을 살리는 것이 우선이다.

　흑2로 끊으면 백3, 5로 나간 다음 8까지 서로 진영을 돌보면서 타협한다.

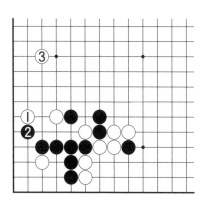

21도(행마의 요령)

이다음 백이 좌변을 움직인다면, 1로 한칸 활용한 후 3으로 벌리는 것이 행마의 요령이다.

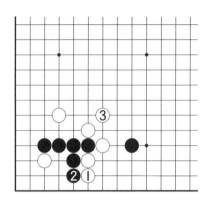

22도(흑, 하변 중시)

흑이 하변을 중시하면, 백1에 중앙을 끊지 않고 흑2로 받아주는 것도 유력하다. 백3으로 지키면 흑은 하변을 선점할 수 있다.

　　AI라면 20도보다 이 그림을 선호한다.

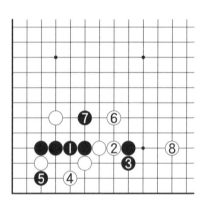

23도(흑이 잇는 경우)

백 젖힘에 흑1의 이음도 귀를 차단하면서 중앙도 고려한 수로 많이 둔다.

　　백2로 치받은 후 8까지는 AI의 변화 중 하나인데, 하변에서의 싸움이 초점이다.

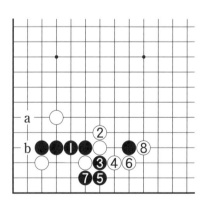

24도(올라서는 변화)

흑1에 백2로 올라서면 흑3으로 끊은 후 8까지 간명한 바꿔치기로 타협된다.

　　흑의 실리가 충실하지만, 귀에는 백a의 활용이나 백b로 젖히는 뒷맛이 남아있다.

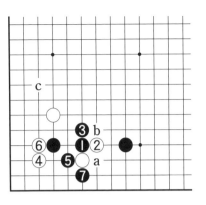

25도(백, 젖힌 후 침입)

애초 흑1 붙임에 백2로 먼저 젖힌 후 4로 침입하면 흑은 5, 7로 하변을 정비한다. AI는 흑7로 a나 b도 같은 가치로 본다.

　백은 모양이 엷어 c의 지킴이 필요한데, 후수로 지켜도 좋을 때가 아니면 백의 발이 늦다.

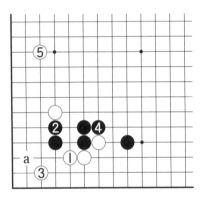

26도(백, 날일자 행마)

백이 젖힌 다음에는 1로 진입하는 것이 보통이다.

　흑2에 백3의 날일자 행마면 무난한데, 차후 흑a로 압박하면 백의 모양도 빈약하다. 아무튼 흑4로 중앙을 두텁게 막고 백5로 견제하면 AI는 타협으로 본다.

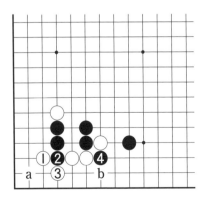

27도(과감한 한칸 행마)

앞 그림 백3 대신 1의 한칸은 AI가 인정하는 과감한 행마이다.

　백의 모양이 허술해서 흑2, 4로 끊을 때가 문제인데, 백a로 귀를 지키면 흑이 b로 하변을 제압해서 활발하다.

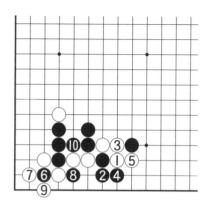

28도(단수에 나가는 경우)

이다음 백1 단수에 흑이 2, 4를 결정한 다음 6으로 끊으면 이하 10까지 필연이다.

서로 모양을 갖춰 타협이지만, AI의 눈에는 흑4와 백5의 교환만큼 흑이 마음에 들지 않는다.

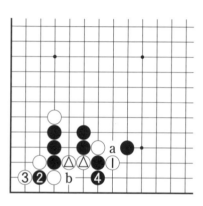

29도(효율적 수순)

백1에 흑도 2로 먼저 끊고 나서 4로 나가는 것이 효율적 수순이다. 그러면 백a에는 흑b로 앞 그림과 같은 교환 없이 두점을 잡아서 좋다.

또, 백이 ◎ 두점을 살리면 흑이 하변을 제압해서 충분하다.

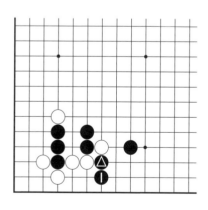

30도(심오한 정석)

백은 흑▲로 끊은 시점에서 손을 빼고, 흑1로 추궁하면 또 손을 빼도 귀는 쉽게 죽지 않는다.

그동안 백은 다른 데서 이득을 취하면 균형을 맞추고도 남는다는 복안이다. AI가 권하는 심오한 정석이었다.

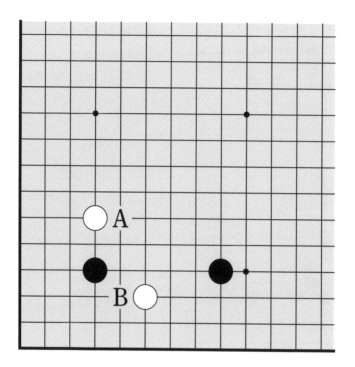

　이번에는 높은 양걸침에서 상대가 강한 쪽인 A의 붙임과, 더불어 귀쪽 B의 붙임에 대해 알아본다.

　특히 AI시대에는 그동안 주목받지 못했던 흑A의 날일자붙임이 능동적 대응으로 각광받는다.

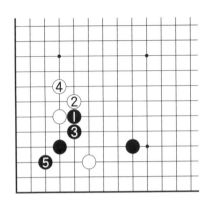

1도(백, 불만)

흑1 날일자붙임은 AI시대에 신수들이 개발되어 유행하기 시작했다. 백2에 흑3 이음은 소극적이지만 둘 수도 있다.

우선 백4 지킴이면 흑5로 귀를 지켜 AI는 백의 불만으로 본다.

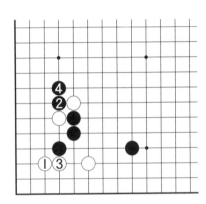

2도(3三침입이 요처)

앞 그림 흑3 때 백1의 3三침입이 요처이다.

이때 흑2로 끊고 백3, 흑4로 되는 변화는 선수로 귀를 정리한 백이 불만 없다.

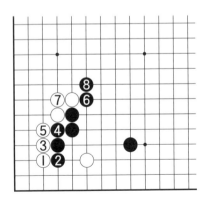

3도(백, 만족)

백1 침입에는 흑도 2로 막는 것이 보통이다. 백3에 흑4 이하 8까지 예전에 많이 두던 온건한 변화이다.

AI 안목에서 이 진행은 실리가 충실한 백의 만족으로 본다.

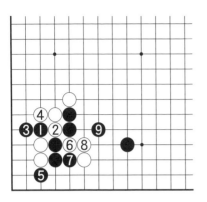

4도(젖힘이 강수)

앞 그림 백3 때 흑1의 젖힘이 강수이다. 백2로 끊은 후 9까지 AI가 제시하는 수순이다.

　귀의 백 두점이 위험하지만~

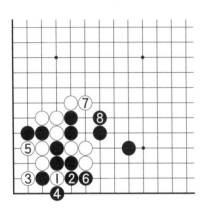

5도(교묘한 타협)

백1 이하 5까지면 백이 두점을 잡으면서 귀의 주인이 바뀐다.

　흑도 6, 8로 자연스럽게 하변을 제압하면, 교묘하게 서로 타협이 이루어진다.

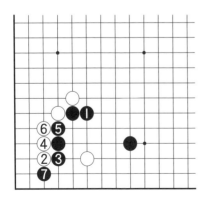

6도(AI시대의 상식)

1도 백2 때, AI시대의 상식은 흑1로 늘어야 중앙을 향한 힘이 생긴다는 관점이다.

　백2로 3三에 침입하면 흑3에 막은 후 7까지는 필연이다.

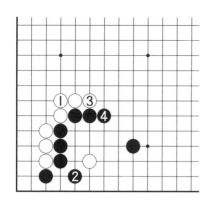

7도(탄력적 지킴)

이다음 백1로 이으면, 흑도 2의 호구가 탄력적 지킴이다.

백도 3을 선수한 후 좌변을 넓게 사용하면 불만 없다.

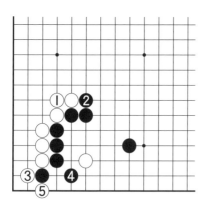

8도(흑, 중앙 중시)

백1에 흑이 중앙을 중시하면 2의 꼬부림도 요처이다.

귀에서 백3으로 젖히면, 흑4의 호구로 임시조치한 후 백5에 흑이 손을 빼는 것이 하변을 방어하는 효과적 수순이다.

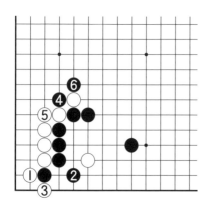

9도(흑의 선택이 초점)

6도 다음 백1부터 젖히면 흑2의 호구로 방어한 후 백3에 흑의 선택이 초점이다.

흑의 중앙 축이 유리하면 흑4, 6으로 한점을 잡아서 충분하다.

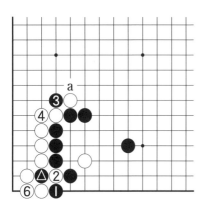

10도(패를 거는 경우)

앞 그림 백3 때 흑은 1로 패를 걸 수도 있다.

백2에 흑3의 팻감이 자랑이며 6까지 굴복시킨 후 축이 유리하면 a, 축이 불리하면 차라리 손을 빼는 것이 대국적이다.

⑤·**▲**

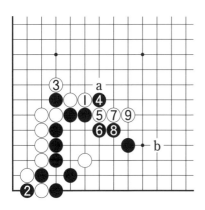

11도(백, 중앙 중시)

백이 중앙을 중시하면, 앞 그림 백6으로 잇지 않고 1로 밀어갈 수 있다. 흑2로 따내면 백도 3으로 변을 지킨다. 흑4의 젖힘은 기세. 백5로 끊으면 흑이 6, 8로 방어한 다음 a나 b를 선택하는 것이 AI의 타협 변화이다.

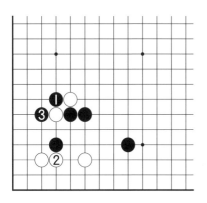

12도(흑의 일책)

6도 백2 때, 많이 두지는 않지만 흑1의 끊음도 일책이다.

백2로 넘으면 흑3으로 좌변을 제압해서 중앙 두터움을 중시하겠다는 뜻이다.

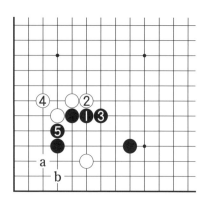

13도(백, 두터운 행마)

흑1에 백이 두텁게 두자면 2, 4로 모양을 정비하는 행마도 있다.

그런 후 귀의 침입을 노리는데 흑은 5로 방어하거나, 노골적인 a의 수비도 일책이다.

이 진행이면 백도 a보다 b로 타개하는 것이 AI의 추천이다.

14도(강인한 수단)

처음으로 돌아가서, 흑1의 마늘모로 붙인 후 3으로 가르고 나가는 것은 강인한 수단이다.

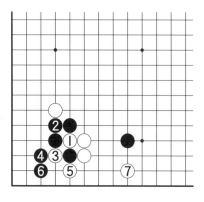

15도(안정적 공격 자세)

이다음 백1, 3으로 한점을 잡으면 간명하지만 흑4, 6으로 내려서며 공격하는 자세가 안정적이다. 백7로 타개하는 정도인데, 흑이 주도하는 국면이다.

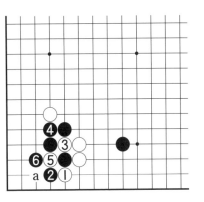

16도(세밀한 기술)

백1의 젖힘부터 두는 것이 세밀한 기술이다.

흑2로 막을 때 백3, 5로 한점을 잡으면 흑6에 a의 패가 남아 삶의 담보로 삼을 수 있다. 백은 손을 빼도 되는 여유가 생겼다.

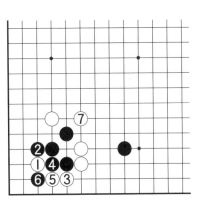

17도(백의 일책)

14도 다음 백1로 3三에 침입한 후 7까지 중앙을 포위하는 것도 일책이다.

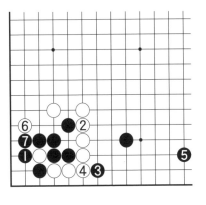

18도(서로 어울린 진행)

이다음 흑1로 귀의 한점을 잡는 것이 무난하다.

백2로 정비하면 흑도 3을 활용한 후 5로 벌려 불만 없다. 백도 6의 선수를 잊지 않으면 AI 안목에서 서로 어울린 진행으로 본다.

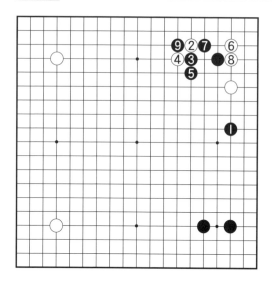

실전 1

우하귀 소목 한칸굳힘을 배경으로 흑은 1의 두칸으로 협공했다.

백2의 양걸침에 흑3 이하 9까지는 AI도 인정하는 정석이며, 우변까지 연계한 구상이다.

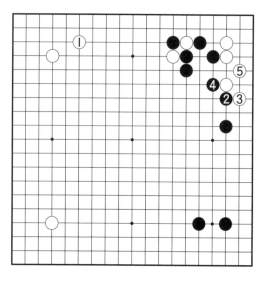

참고도(실전 이후)

실전 이후 AI는 우선 상변을 견제하는 백1의 굳힘을 선호한다.

이번에는 흑의 구상이 초점인데, 그 전에 우변과 상변을 연계하는 2, 4의 활용은 AI로부터 배워둘 만한 두터운 정비법이다.

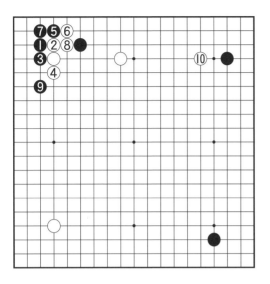

실전 2

좌상귀 화점 두칸높은 협공에서 흑1의 3三침입이면 간명하다.

이하 백8의 이음은 예전의 수법이라도 선수를 잡고 10으로 발빠르게 걸치기 위함이다.

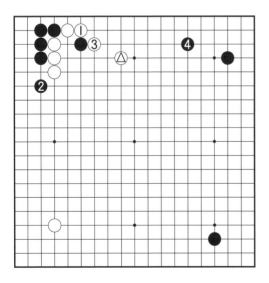

참고도(백의 후수)

부분적으로 백1, 3이 AI의 안정적 지킴이지만 후수이며, 백△의 폭이 좁을 때는 AI도 권장하지 않는다. 더구나 이 구도에서는 흑4의 굳힘이 안성맞춤이다.

정석도 포석 전체의 안목에서 선택해야 효과적임을 알 수 있다.

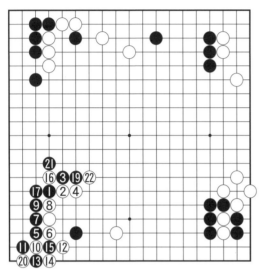

실전 3

포석이 한참 진행 중인데, 초점은 좌하귀이다.

두칸협공에서 흑1의 높은 양걸침. 이하 9까지 널리 알려진 변화이며 백10, 12는 탄력 수비이다. 이하 백18 때 흑19, 21은 귀를 포기하고 변과 중앙을 중시한 선택이다. ⑱‥⑩

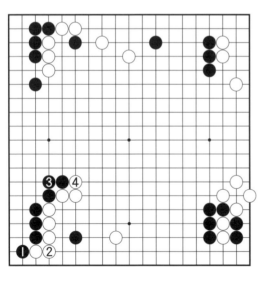

참고도(AI 추천)

AI는 백이 중앙을 중시하면 이 그림을 추천한다. 흑1에 백2로 잇고 흑3에 백4로 두텁게 꼬부리는 것.

이 진행이면 귀쪽은 손해이지만, 실전의 중앙 끊기는 단점이 없다.

2부

세칸 공격

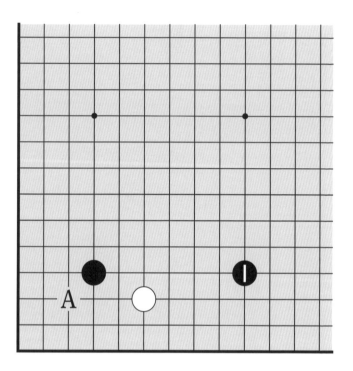

　　화점 걸침에 흑1의 세칸높은협공은 거리가 먼 만큼 느슨한 면도 있지만, 공간을 넓게 사용하는 AI시대에서는 유연한 발상으로 각광받는다.

　　백도 운신의 폭이 넓어져서 대응 수단이 늘어나는데, 여기서는 백A의 3三침입과 더불어, 양걸침에서 우선 짚고 넘어가면 도움이 되는 변화에 대해 알아본다.

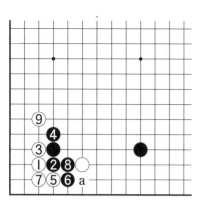

1도(예전의 정석)

다른 협공들과 마찬가지로 백1의 3三침입이면 간명하다.

흑2로 막은 후 9까지 그동안 많이 두던 변화이다. 이 정석이면 흑 선수이지만 차후 백a로 준동하는 맛이 남아있다.

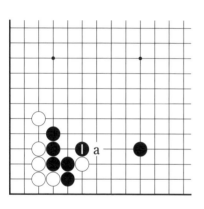

2도(활용하는 맛)

이 정석에서는 공간이 넓은 만큼 흑1로 지키더라도 모양이 엷어 백a로 활용하는 맛은 남아있다.

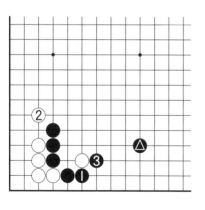

3도(신정석)

두칸높은협공에서도 보았듯이 AI시대에는 흑1, 3으로 지키는 수를 많이 둔다.

후수이지만 흑의 모양이 완전하며, 특히 ▲와의 간격도 적당해서 세칸높은협공에서는 거의 신정석으로 굳어졌다.

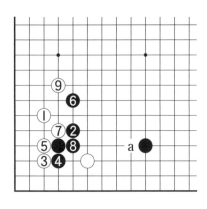

4도(느슨한 마늘모)

백1의 양걸침도 다른 협공처럼 능동적인 선택이다. 이때 흑2의 마늘모는 느슨하다. 백3의 3三침입 때 흑4, 6으로 폭을 넓혀도 백 7, 9로 급소를 짚고 나가면 a로 강하게 싸우는 맛도 있는 만큼 실리가 충실한 백이 순조롭다.

5도(흑, 날일자 행마)

앞 그림 백5 때, AI는 이제라도 흑1의 날일자 행마를 추천한다.

이하 백이 6까지 귀를 다질 때 흑이 하변을 지킨다면 a의 이음 은 중복이고, 7 다음 9의 한칸이 효율적 방어이다. 어쨌든 뒷맛이 남은 것은 흑의 부담이다.

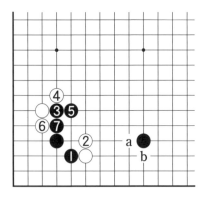

6도(실전적 방안)

백의 양걸침에 흑1, 3으로 붙여 나가는 것은 AI의 실전적 방안이 다. 백4, 6에 흑7의 이음은 필연 이며, 다음 백이 하변을 움직인다 면 a와 b, 어딘가 붙여 급전을 유 도하는 것이 효과적이다.

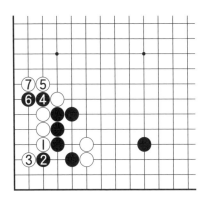

7도(사석을 활용한 방어책)

이다음 백1, 3으로 진입하면 흑
도 4의 끊음은 귀와 변이 연동된,
사석을 활용한 방어책이다.

백5, 7로 몰고 나서~

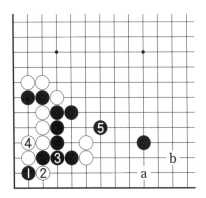

8도(서로 진영을 갖추며 타협)

흑1의 이단젖힘이 선수이며 백2,
4에 흑5로 하변을 제압하면, 서
로 좌변과 하변에 진영을 갖춘
타협된 모습이다.

하변은 흑 모양이 커지기 전
에, 백이 a로 침투하거나 b로 견
제하는 것이 시급하다.

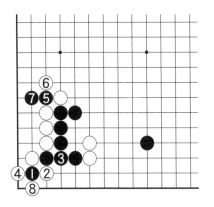

9도(흑이 불리한 진행)

7도 백3 때 흑1로 서둘러 젖히면
어떨까. 물론 백이 물러서길 바라
겠지만 백도 2, 4로 한점을 잡는
다. 이제 와서 흑5로 끊어도 백6
으로 단수친 후 8로 따내면 흑이
불리한 진행이다.

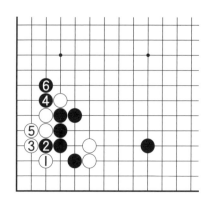

10도(백, 3三침입)

6도 다음 백이 좌변 축이 유리하면 1의 3三침입도 유력하다.

흑2, 4로 추궁하면 백5로 약점을 잇고 흑6도 필연이다.

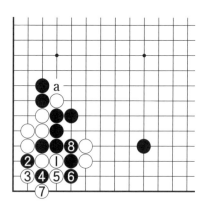

11도(백이 주도하는 싸움)

이다음 백1로 연결을 시도할 때 흑은 2로 끊은 후 4의 단수가 맥이며 이하 8까지 차단할 수 있다.

그동안 백은 귀가 튼실해졌고, a로 움직이면 싸움을 주도할 수 있다.

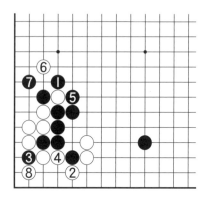

12도(백, 축이 불리한 경우)

10도 백5 때, 백은 축이 불리해도 흑1에 백2로 넘을 수 있다.

흑3으로 끊으면 백4로 방어한다. 흑5의 따냄도 두텁지만, 백도 6으로 활용한 후 8로 지키면 불만 없다.

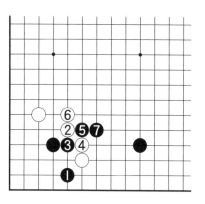

13도(노림을 숨긴 별책)

되돌아가서, 흑1의 날일자 행마는 노림을 숨긴 AI의 별책이다.

백2의 봉쇄를 유도해서 7까지 되면 흑이 하변을 압도해서 충분하다.

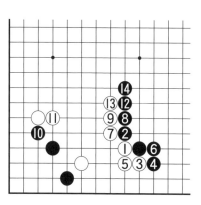

14도(현명한 기대기 대처법)

백도 1로 기대 싸우면서 귀를 노리는 것이 AI의 현명한 대처법이다. 이하 백7 때 흑8로 늘면 온건한데, 백9에 흑10의 지킴은 시급하며 14까지 밀리면 흑이 약간 불만으로 본다.

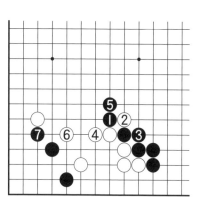

15도(이단젖힘이 기세)

앞 그림 백7 때 흑도 1의 이단젖힘이 기세이다.

이하 5까지 중앙을 주도적으로 정비한 후 백6에 흑7로 귀도 실전적으로 수습하면 불만 없다.

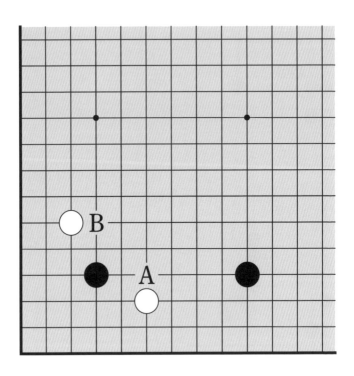

이번에는 백1의 날일자 낮은 양걸침에서 본격적인 변화에 대해 알아본다.

AI시대에는 다양한 수들이 개발되어 사용되고 있지만, 우선 흑이 효과적으로 두려면 A나 B의 붙임으로부터 시작하는 것이 보통이다.

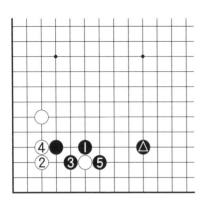

1도(백, 곧장 3三침입)

흑1로 내 편이 있는 쪽부터 붙여
본다. 이때 곧장 백2로 3三에 침
입하면 흑3, 5로 한점을 잡는다.

　귀의 실리를 허용했지만, 흑도
하변 모양에 약점이 없고 ▲도
적당한 간격으로 두터운 만큼 AI
는 서로 타협으로 본다.

2도(활동적 침입)

백은 1로 젖힌 후 3으로 침입하
는 것이 활동적이다.

　흑4, 6으로 한점을 잡더라도 1
과 2의 교환만큼 흑의 두터움에
약점이 남는 것이 백의 자랑이다.

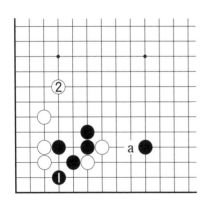

3도(흑의 부담)

이 시점에서 흑1로 귀를 엿보는
것은 폭넓게 두고 싶다는 효율적
생각인데, AI의 판단은 다르다.

　백이 2로 지킨 이후 a로 기대
교란하면 흑의 부담스런 싸움으
로 본다.

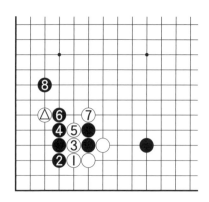

4도(혼자만의 수읽기)

2도 흑2 때, 백1로 들어가서 3으로 끊으려는 시도는 혼자만의 수읽기이다.

흑은 상대 의도대로 두지 않고 4로 늦추며 계속 8까지 되면 백△를 제압한 변의 실리가 크다.

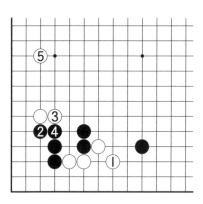

5도(무난한 수비)

앞 그림 흑2 때, 하변 백1의 호구가 AI가 제시하는 무난한 수비이다. 흑2, 4로 귀를 지키면 간명하며, 백도 5로 양쪽 변을 정리해서 타협된 모습이다.

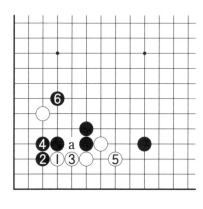

6도(어깨짚음이 요소)

2도 흑2 때, 백1의 붙임은 최대한 귀에 파고드는 상용 수단이다.

흑2, 4로 귀에 토대를 마련하는 것이 안정적이며, AI시대 대응법이다. 백5로 하변을 지키면 흑6의 어깨짚음이 a의 약점을 대비하는 역할도 겸하는 요소이다.

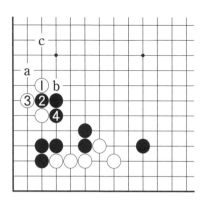

7도(가벼운 행마의 요령)

이다음 백1의 뜀은 가벼운 행마의 요령이고 흑2, 4는 두터운 지킴이다. 다음 백이 a~c의 어디를 선택하든 AI는 어울린 진행이라 본다. 흑은 두텁고 백은 엷지만 발빠르다.

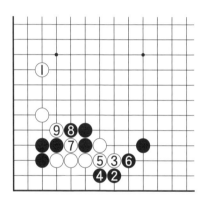

8도(하변 공격의 급소)

6도 흑4 때, 백1로 좌변부터 벌리면 흑2가 하변 공격의 급소로 기억해둔다.

이하 6까지 필연이며, 백도 7, 9의 끊음은 기세이다.

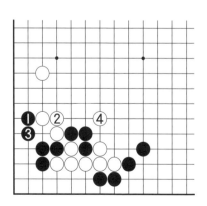

9도(빈삼각의 맥)

이다음 흑1로 붙여 귀를 수습할 때 백2가 빈삼각의 맥이다.

그러면 흑3에 백도 4의 장문으로 석점을 잡고 안정되었으니 충분한 결말이다.

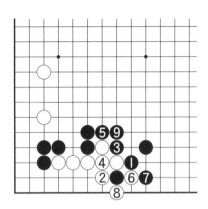

10도(선수로 하변 안정)

8도 백3 때 흑1로 젖히면 백2의 막음도 일책이다.

흑3, 5로 봉쇄해도 백6, 8로 잡고 선수로 안정하면 충분하다.

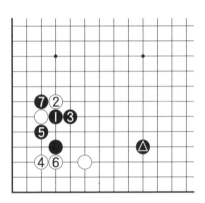

11도(상용 수순)

이번에는 상대가 강한 쪽인 흑1로 붙이는 변화에 대해 알아보자.

백2, 4로 귀에 침입하면 7까지는 상용 수순이다. 흑은 ▲의 역할이 차후 과제이지만, AI는 서로 어울린 진행으로 본다.

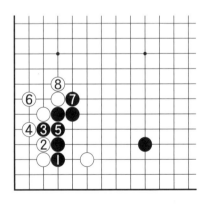

12도(흑, 불리)

앞 그림 백4 때 흑1쪽에서 막는 것은 적절한 상황이 아니면 바람직하지 않다.

더구나 백2에 흑3으로 끼워서 이하 8까지 되기라도 하면, 실리 손실이 큰 흑이 절대 불리하다.

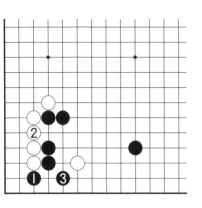

13도(탄력적 호구 모양)

흑은 끼울 것이 아니라, 하변을 중시하면 1, 3의 호구로 탄력적 모양을 갖추고 둘 수도 있다.

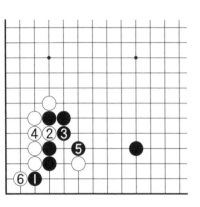

14도(호구 허용)

흑1에 백도 2, 4로 끼워 이으면 흑5의 호구를 허용하니 주의해야 한다. 백6에 막을 때 이제는 흑이 손을 빼도 충분하다.

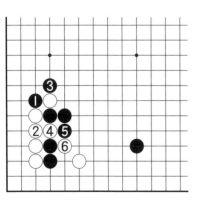

15도(축으로 잡는 경우)

이 진행에서, 흑은 좌변 축이 유리하다면 1, 3으로 한점을 잡는 것이 유력하다.

백도 4, 6으로 두점을 잡는 것은 당연한데~

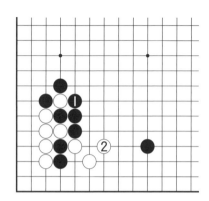

16도(무난한 마무리)

이다음 흑1로 따내고 백2로 하변을 제어해 서로 마무리하면 무난하다.

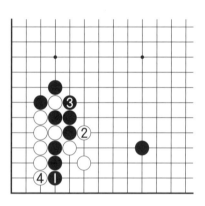

17도(응수타진)

15도 다음 흑1로 키운 것은 노림을 품은 응수타진이다.

백2를 선수한 후 4로 제압하면 무난하며 앞 그림과 비슷한 결과이다.

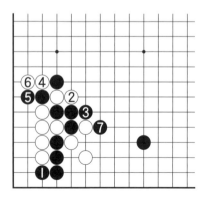

18도(꼬부리는 변화)

앞 그림 백2 때, 흑1로 꼬부리면 이하 7까지 좌변과 하변의 주인이 바뀌는 변화가 이루어진다.

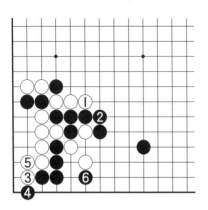

19도(교묘한 타협)

이 다음 백1을 활용한 후 3으로 귀를 보강하면 흑도 4, 6으로 하변을 제어해서 충분히 대항할 수 있다.

서로 바꿔치기를 감행하며 교묘한 타협이 이루어졌다.

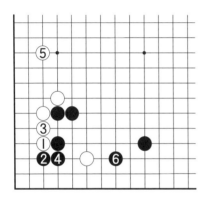

20도(귀에 붙이는 변화)

되돌아가서, 11도 흑3 때 백1로 붙이는 수도 가능한 변화이다.

흑은 2, 4로 귀를 지키면 무난하다. 백5로 벌리면 무난하지만 하변 흑6으로 압박하면, AI 안목에서 흑이 활발한 흐름이다.

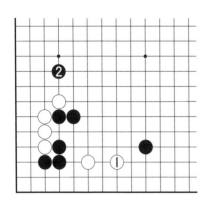

21도(본격 싸움)

앞 그림 흑4 때, 백도 1로 하변을 움직이는 편이 기세이다.

흑도 2로 협공하면 본격 싸움을 피할 수 없다.

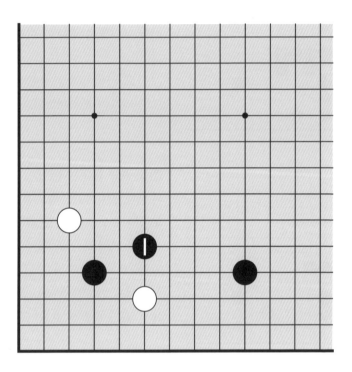

　이번에는 백의 낮은 양걸침에서 한때 많이 사용했던 흑1의 모자씌움에 대해 알아본다.

　보기에 허술해 보이지만 의외로 탄력이 있어 강하게 싸우면서도 모양을 정비할 수 있다. 상식에 구애받지 않고 변화를 모색할 때 유력한 수단이다.

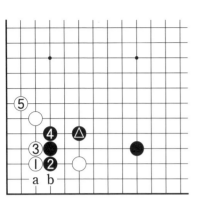

1도(백, 3三침입)

백1의 3三침입이면 흑2, 4로 뻗는 자세가 ▲와 어울린다. 백도 5로 귀에 모양을 갖춰 타협이지만, 어쨌든 흑은 양걸침을 희석시키는 효과를 얻었다.

수순 중 흑4에 백a, 흑b로 되면 백이 선수이지만 엷다.

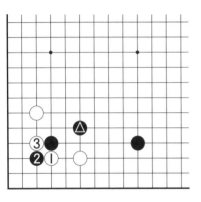

2도(허점을 노리며 끊음)

백은 흑▲의 허점을 노리며 1, 3으로 끊어가는 것이 일책인데 흑도 이를 예상하며 대응책을 준비하고 있다.

이로부터 서로 최상의 모양 정비를 위한 공방이 이루어진다.

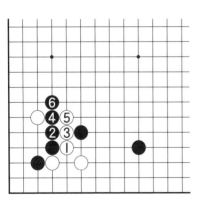

3도(백, 불리)

침고로 앞 그림 흑2 때 백1로 호구치면, 흑은 막지 않고 2로 나가는 것이 효과적이다. 백3, 5로 중앙은 뚫리지만 흑6으로 좌변 백 한점을 제압하며 앞서 달리면 근거를 잃은 백이 절대 불리하다.

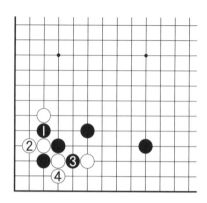

4도(단수 수순)

2도 다음 본격적인 공방을 알아 보자.

　우선 흑1과 3의 단수 수순이 중요한데, 백4 다음~

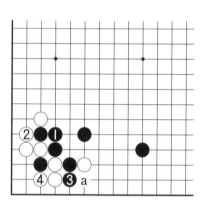

5도(흑, 엷음)

흑1로 잇고 3으로 뚫는 것은 백4 다음 a의 맛이 남아 하변 흑의 진영이 엷다. 백은 귀의 실리를 차지하고 좌변으로 넘어 충분하다.

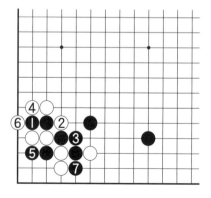

6도(흑, 만족)

4도 다음 흑은 좌우 어디든 곧바로 뚫는 것이 효과적 모양 정비법인데, 우선 흑1로 내 진영의 반대쪽을 선택해본다.

　이때 백2, 4로 두점을 잡으면 흑도 5, 7로 귀의 두점을 잡은 후수이지만 흑의 만족이다.

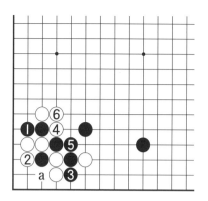

7도(흑, 만족)

흑1에 백도 2로 귀에 들어가서 단수치는 것이 우선이다.

그런데 흑3의 하변 돌파에 백 4, 6으로 좌변 두점을 잡으면, 흑이 a의 맛을 남기고 손을 빼서 만족이다.

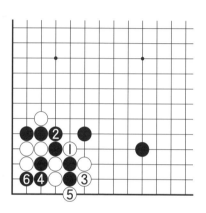

8도(바꿔치기 흐름)

앞 그림 흑3 때 백1, 3으로 하변에서 두점을 잡는 것이 우선이다.

자연스럽게 흑도 4, 6으로 석점을 잡으면 바꿔치기 흐름인데, 이 다음 백의 행마가 중요하다.

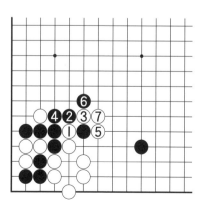

9도(백이 망한 결과)

백1, 3으로 중앙 쪽을 끊어가서 7까지 한점을 잡으면 흑4로 이은 좌변 두터움이 상당하다.

AI 안목에서는 백이 망한 결과로 본다.

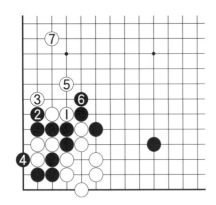

10도(좌변을 끊는 것이 정수)

앞 그림 흑2 때, 백1로 좌변을 끊
는 것이 정수이다. 이하 7까지 모
양을 갖추면, AI 안목에서 흑이
약간 기분 좋은 정도이다.

　　다음 흑은 손을 빼도 되지만~

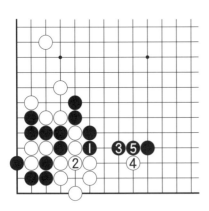

11도(온건한 구상)

하변을 정리한다면 흑1, 3은 단
단하지만 온건한 구상이다.

　　백도 4를 활용해서 하변을 살
린 후 손을 빼면 균형이 잡힌 결
과이다.

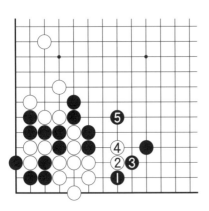

12도(공격의 급소)

10도 다음 흑1이 공격의 급소로
기억해둔다. 이하 5까지 흑이 국
면을 주도하는 흐름이다.

　　물론 흑은 상황에 따라 11도와
12도를 선택할 수 있다.

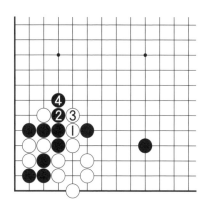

13도(후퇴하는 것도 일책)

되돌아가서, 백1에 흑2로 후퇴하는 것도 일책이다. 백3에 흑4. 좌변에 백 모양을 허용하기 싫다면 흑이 이렇게 둘 수 있다.

역시 AI 안목에서 흑이 약간 편한 정도이다.

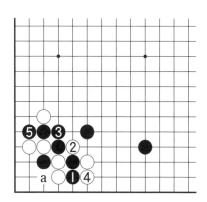

14도(활용을 생략하고 돌파)

4도 다음, 흑이 내 편이 있는 1쪽을 먼저 뚫을 경우에 백2, 4 다음 흑은 a의 활용을 생략하고 5의 돌파가 바람직하다.

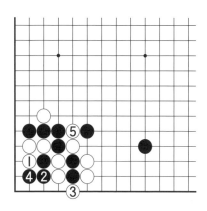

15도(결국 환원)

그래야 백1에 흑2, 4로 자연스럽게 귀의 석점을 잡을 수 있다.

결국 백5 다음은 10도나 13도로 환원된다.

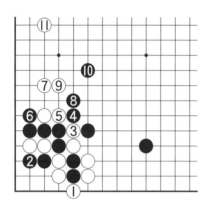

16도(백, 수순 잘못)

14도 다음 백1로 두점을 그냥 잡는 것은 수순 잘못으로, 흑2로 단단히 잡으면 좌변 운영에 득이 된다. 백3, 5로 끊을 때 흑6이면 백7로 물러서야 하고 이하 11까지, 흑의 행마가 리듬을 타며 주도하는 흐름이다.

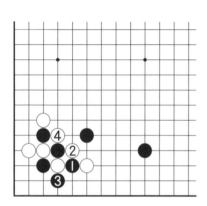

17도(백의 돌려치는 변화)

되돌아가서, 흑1의 단수에 백은 2, 4로 돌려치며 변화를 구할 수 있다. 간명한 변화보다 치열하게 싸우겠다는 뜻인데~

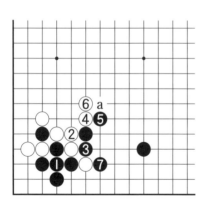

18도(무난한 모양 대결)

흑1로 잇고 백2, 4로 젖힐 때 흑5, 7로 대응하면 서로 무난한 모양 대결이다.

　이 모양에서 중앙 백a는 하변 흑이 단단하므로 당장 선수가 되지 않는다.

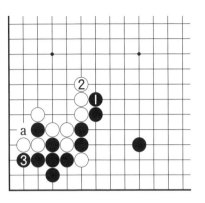

19도(흑의 변화)

앞 그림 백6 때, 중앙 흑1로 밀고 3으로 귀의 활용을 먼저 시도하면 백은 a로 받지 않고 좌변을 키울 수도 있다.

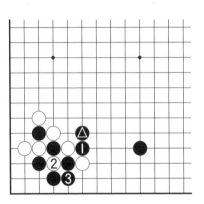

20도(가장 효율적 대처)

17도 백4 때, AI는 흑1로 끊고 백2에 흑3으로 잇는 것이 가장 효율적 대처로 본다. 그러면 흑△로 올라선 모양이 되어 중앙에 힘이 생긴다는 뜻이다.

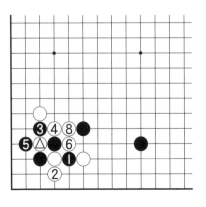

21도(백, 두터움)

2도 다음 흑1, 3으로 단수의 순서를 바꾸면 백4, 6으로 돌려치고 8로 이어 백의 모양이 두텁다.

　이처럼 단수 순서와 뚫는 순서하나 차이가 다른 결과를 가져오므로 선택에 주의할 일이다.

❼‥△

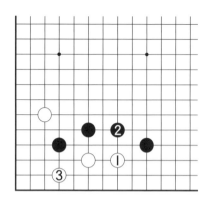

22도(유연한 벌림)

처음으로 돌아가서, 백이 귀에서 몸싸움을 피하고 싶다면 1의 한 칸도 AI가 추천하는 유연한 벌림 이다.

흑2로 중앙을 차단하면 백3으로 근거를 마련해서 충분하다.

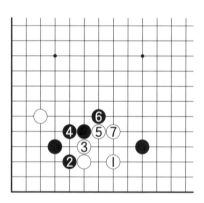

23도(모양 좋게 진출)

백1에 흑2로 귀의 진입을 차단하면 백3 이하 7까지 모양 좋게 진출해서 충분하다.

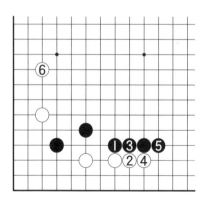

24도(유력한 붙임)

흑이 중앙에서 차단하는 경우, 흑 1의 붙임도 유력하다.

백도 2, 4로 근거를 마련해놓고 6으로 좌변을 돌보면, 실리와 세력으로 타협된 모습이다.

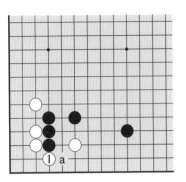

⊞ 장면

이 장면에서 백1로 젖히면 흑은 어 떻게 대응할지 생각해보자.

사실 흑a를 기대한 것인데, 그렇 게 정리되면 흑은 후수에 하변 뒷맛 도 생기므로 반발을 검토해야 한다.

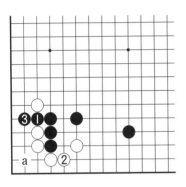

1도(백, 불만)

흑은 1로 나가 응수를 물어야 한다. 백2로 넘으면 흑3으로 관통해서 귀 에 a의 침입도 남은 만큼 백이 불만 이다.

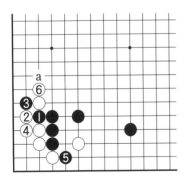

2도(흑, 유리)

흑1에 백2로 막으면 흑3 끊음을 활 용해놓고 흑5와 백6으로 정리되는 수순을 AI가 제시한다.

흑 선수이며 a의 활용도 남은 만 큼, 흑이 유리한 진행으로 본다.

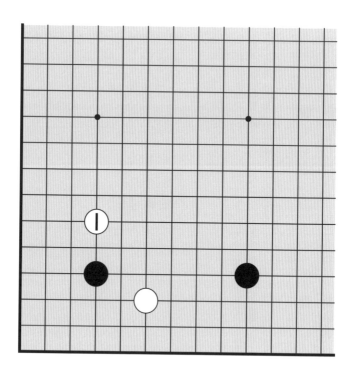

　　이번에는 화점 세칸높은협공에서의 마지막 관문으로
백1의 한칸 양걸침에 대해 알아본다. 백1은 위치가 높은
만큼 중앙을 중시하며 능동적으로 싸우려는 뜻이 있다.
　　AI시대에는 여기에서 파생된 많은 변화들이 개발되
어 사용 빈도가 높다.

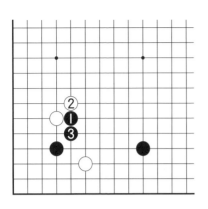

1도(고정관념)

높은 걸침에 흑1의 붙임은 그동안 별로 두지 않던 수단인데 AI 시대에 재평가되고 있다.

백2로 젖힐 때 흑3의 끌기는 과거의 산물로 고정관념이 스며 있는데, 이후의 변화에 따라서는 타협의 길도 있다.

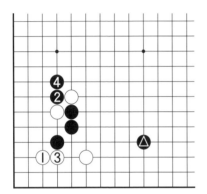

2도(흑, 미흡)

백1의 3三침입에 흑2로 끊은 다음 백3, 흑4로 되는 변화는 흑이 두텁게 두겠다는 뜻이지만, 정교한 AI는 백의 견고한 실리에 비하면 흑이 ▲의 역할도 불분명한 터에 후수여서 미흡하다고 본다.

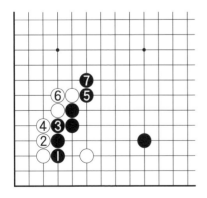

3도(흑, 불리)

백의 침입에 흑1로 막으면 7까지 상용 수순이라는 생각이 고정관념이다.

흑이 하변에 모양을 구축했지만 후수이고 모양에도 맛이 많아 앞 그림보다 더 불리한 진행이다.

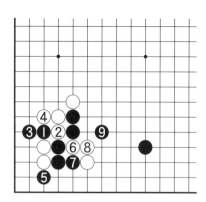

4도(흑의 강수)

앞 그림 백2 때, 흑1의 젖힘이
AI가 추천하는 강수이다.

백2로 끊으면 이하 9까지 기억
해둘 필연의 수순이다.

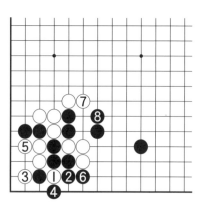

5도(절묘한 타협)

이다음 백1 이하 5까지 두점을
잡을 때 흑도 6, 8로 석점을 제압
하면 서로 절묘한 타협이 이루어
진다.

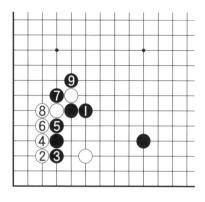

6도(진화된 대응)

1도 백2 때, 흑1로 중앙을 향해
뻗는 것이 AI시대에 진화된 대응
이다. 백2로 3三에 침입하면 흑3
으로 막고 이하 백6 때, 흑이 축
이 유리하면 7, 9로 한점을 잡아
도 충분하다.

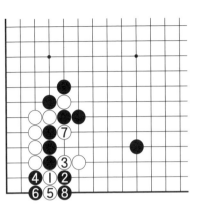

7도(하변의 염려)

하변에서 백1, 3으로 끊는 것이 염려 되지만 AI의 반응은 태연하다. 흑은 자연스럽게 4 이하 10 까지 잡고 나서~

⑨‥① ❿‥⑤

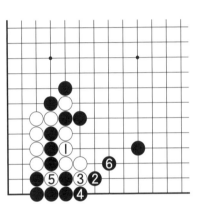

8도(흑, 활발)

백1로 조이면 흑2로 건넌다는 계획이다. 백도 3, 5로 석점을 잡는 것이 무난하며 흑6으로 하변에 연결하면, AI 안목에서 흑이 활발한 흐름이다.

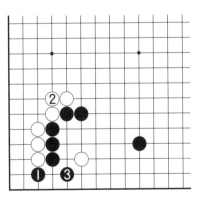

9도(탄력적 수비)

6도 백6 때, 흑은 하변이 염려되면 1로 젖힌다.

백2로 이으면 흑도 3의 호구가 탄력적인 수비법으로 기억해둔다. 서로 무난한 타협이다.

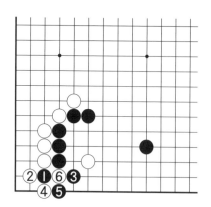

10도(패로 버팀)

흑1에 백2로 젖히면 흑3 호구로
탄력을 주고 백4에 흑5의 패로
버틸 수도 있다.

　　백6으로 따낼 때~

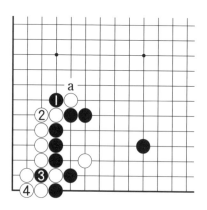

11도(신정석)

좌변 흑1의 절대 팻감으로 4까지
백의 굴복은 자연스럽다.

　　다음 흑은 a의 축으로 한점을
잡거나 축이 불리하면 손을 빼는
것이 현명하다. 두칸높은협공에
서도 보았지만 AI시대의 신정석
으로 기억하면 좋다.

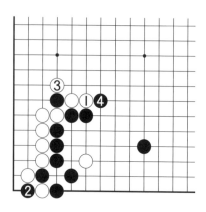

12도(백, 좌변 중시)

앞 그림 흑3으로 따낼 때, 백이
좌변을 중시하면 팻감을 겸해 1
로 밀어올린다.

　　그러면 4까지 AI의 변화인데,
흑도 귀를 토대로 하변 진영이
단단해져서 충분하다.

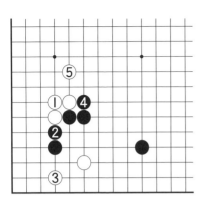

13도(변을 중시한 이음)

되돌아가서, 백1의 이음은 변을 중시한 수단인데 약간 무거운 면도 있다. 흑2의 막음은 요소이고 다음 백의 선택이 앞길을 좌우한다. 하변 백3으로 근거를 개척하면 흑4의 꼬부림이 두터운 곳이며 백5로 받고 나서~

14도(모양의 급소)

하변 흑1의 붙임이 모양의 급소이다. 백2로 젖히는 정도인데 흑3이 껴붙임의 맥이다.

백이 정직하게 4로 받은 후 8까지 되면, 흑이 두텁게 눌러가서 만족이다.

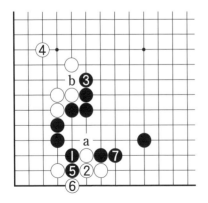

15도(행마의 리듬)

흑1 껴붙임에는 백2로 잇는 것이 효율적이다. 흑도 3을 활용해서 등을 두텁게 해놓고 5, 7로 공격하는 것이 행마의 리듬이다.

참고로 흑3에 백a로 먼저 나가고, 흑b로 추궁하는 변화도 있지만 복잡하여 생략한다.

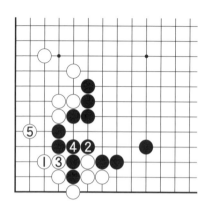

16도(알기 쉬운 타협)

이다음 백이 온건하게 두자면 1로 귀에 진입한다. 흑2로 막고 백 3, 5로 좌변에 연결하면 서로 알기 쉬운 타협이다.

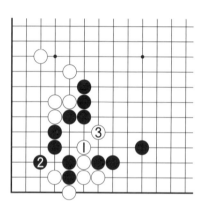

17도(험난한 싸움)

15도 다음 백이 중앙 세력을 주기 싫으면 1로 나간다.

흑도 2로 귀를 차단할 때 백3으로 진출하며 험난한 싸움이 예상된다.

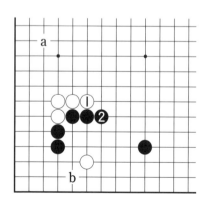

18도(백, 중앙 두터움 중시)

13도 흑2 때 백1로 하나 밀어두는 것은 중앙 두터움을 중시한 행마이다.

흑2 다음 백은 좌변에 대해 a의 벌림보다 넓게 사용하는 것이 실전적이고, 흑은 b의 보강이 요소이다.

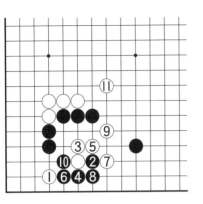

19도(백, 하변을 움직이는 경우)

백이 먼저 하변을 움직인다면, 1
로 귀에 진입하는 것이 효과적이
다. 흑도 2의 붙임이 맥이고, 백3
으로 올라선 후 11까지 타협하며
싸우는 흐름이 AI가 제시하는 변
화이다.

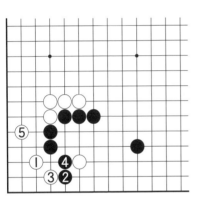

20도(백, 간명하지만 엷음)

아예 백1로 3三에 침입한 후 5까
지 되면 귀도 부수며 변으로 연
결해 한번에 정리하는 장점이 있
다. 다만 후수이고 귀도 엷어 백
이 간명하게 두고 싶을 때만 사
용하는 것이 바람직하다.

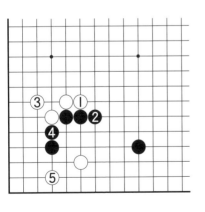

21도(탄력적 정비)

되돌아가서, 백1로 밀고 3으로
호구치면 탄력적 모양으로 두텁
게 정비할 수 있다.

　이제는 흑4에 백5로 먼저 움직
여도 안심이다.

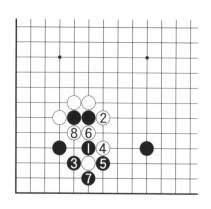

22도(바꿔치기)

백이 중앙에서 밀면 흑1의 붙임
도 일책이다. 백2의 젖힘은 기세
인데 흑3의 호구 지킴이 간명한
대응이다. 백4로 젖힌 후 8까지
바꿔치기가 필연인데, AI는 흑의
실리가 마음에 든다고 보지만 백
도 거북등따냄이 두텁다.

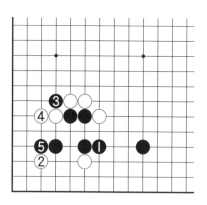

23도(흑의 뻗는 변화)

앞 그림 백2 때 흑이 두터움을
주고 싶지 않다면 1로 뻗는다.

　백2로 3三에 침입하면 흑3에
끊고 5로 막는 것이 효율적 수순
이다.

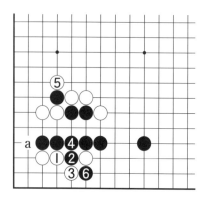

24도(자연스런 흐름)

이다음 백1에 흑2, 4의 끼워이음
은 필연이며 백5로 잡고 흑6의
끊음도 자연스럽다. 다음 백의 행
마는 미묘한데, 귀는 a로 젖히면
사는 형태이지만 좌변 두터움을
살리는 것이 우선이다. AI는 백
이 약간 활발한 흐름으로 본다.

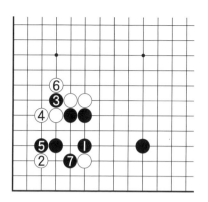

25도(침입할 시기)

백이 22도와 같은 완전한 실리를 허용하기 싫다면, 흑1에 붙일 때 백도 2로 침입할 시기이다.

흑3로 끊은 후 7까지는 AI의 일순위 변화이다.

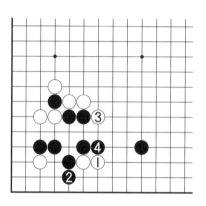

26도(활용하기 위한 공작)

이다음 백1은 중앙에서 3의 젖힘을 활용하기 위한 공작인데, 흑4에 백이 손을 빼면 서로 무난한 흐름이다.

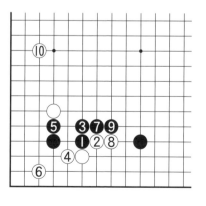

27도(많이 두던 수단)

처음으로 돌아와서, 흑1의 한칸 붙임도 많이 두던 수단이었다.

백2로 젖힌 후 6까지 귀에 파고들고 흑7, 9로 봉쇄하는 수순은 상식으로 알려졌는데, AI는 백이 10으로 좌변을 견제하면 약간 편한 흐름으로 본다.

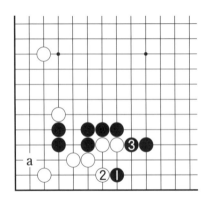

28도(모양을 추궁하는 급소)

이 정석에서는 흑1이 모양을 추궁하는 급소인데, 백2로 지키면 흑3이 후수이지만 두터운 막음이다. 차후 흑이 a로 압박하는 수가 기분 좋은 활용으로 남는다.

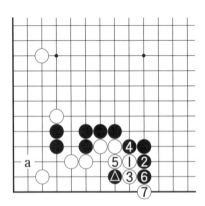

29도(활용도 해소)

흑▲로 추궁할 때, AI는 차라리 백1로 나가서 7까지 한점을 잡으면 흑a의 활용도 해소되니 백이 충분하다고 본다.

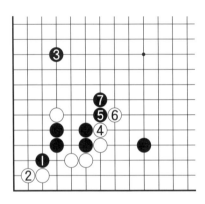

30도(흑, 좌변 운영)

27도 백6 때 상황에 따라 흑1, 3의 좌변 운영도 실전적 방안이다.

백은 손을 빼도 충분하고 4, 6으로 밀어 하변 전투를 주도할 수 있다.

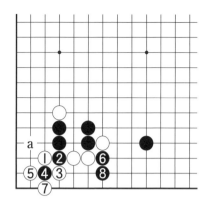

31도(당당한 한칸 행마)

27도 흑5 때 백1의 한칸도 AI가 추천하는 당당한 행마이다. 백 모양이 허술한 만큼 흑2, 4로 추궁하면 6, 8로 하변이 절단된다.

여기서 백이 손을 빼면 흑a의 활용으로 백이 재미 없다.

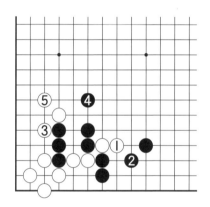

32도(좌변으로 넘어 정리)

이다음 백1로 움직인 후 좌변 3으로 넘으면 흑4, 백5로 정리된다. AI 안목에서는 27도와 같은 정도 백이 약간 편한 흐름이다.

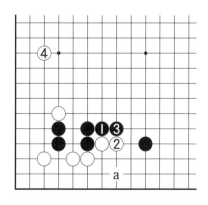

33도(중앙을 봉쇄하는 경우)

처음부터 흑이 1, 3으로 중앙을 봉쇄하면 백은 a의 보강보다 4로 견제하는 것이 국면을 주도하는 넓은 안목이다.

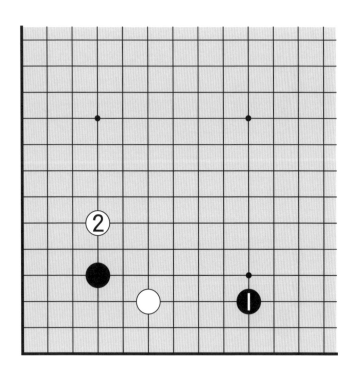

　화점 걸침에서 흑1은 세칸협공에 해당하는데 영향력이 약해 많이 두지는 않지만 우하귀에서 벌림을 겸한다면 그 나름의 의미가 있다.

　주요 변화는 높은 협공에서의 발상과 크게 다르지 않으므로 여기서는 백의 노림이 있는 2의 높은 양걸침의 핵심에 대해서만 알아본다.

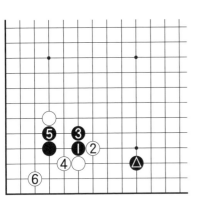

1도(한칸 붙임의 경우)

흑△의 낮은 협공에서는 1의 한 칸 붙임이 바람직하지 않다.

백이 2로 젖힌 후 6까지 알기 쉽게 귀에 들어가면, 양쪽 흑의 모양이 중앙을 봉쇄하는 연계성이 없는 만큼 효율성이 떨어진다.

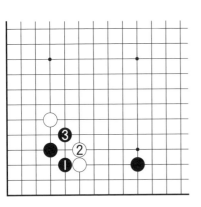

2도(노골적인 도발)

흑1, 3은 양쪽 백을 갈라서 싸우려는 노골적인 도발이다.

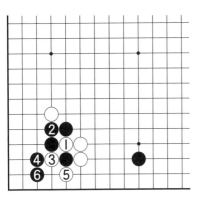

3도(흑, 편안한 싸움)

이다음 백1, 3으로 한점을 잡으면 흑은 4, 6으로 귀를 안전하게 지키므로 편안한 싸움이다.

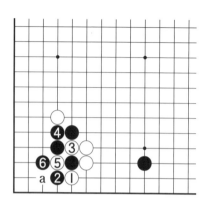

4도(백의 요령)

백도 1로 먼저 젖히고 3, 5로 한
점을 잡는 것이 싸움을 확산시키
는 요령이다. 그래야 유사시 a로
패를 키우며 버틸 수 있다.

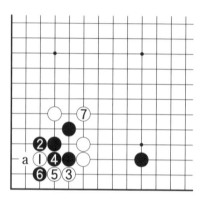

5도(백의 일책)

흑이 가르고 나올 때, 상황에 따
라 백1의 3三침입도 일책이다.

흑2로 막으면 백3, 5로 귀에
파고든 다음 7의 봉쇄가 a로 나
오는 맛을 이용한 행마법으로 많
이 사용된다.

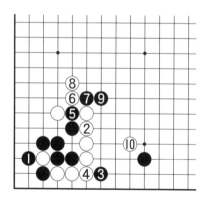

6도(중앙 싸움)

이다음 흑1로 한점을 따내 살아
두는 것이 후환이 없다.

백2로 막을 때 흑3 다음 5, 7
로 끊으면 백도 8, 10으로 대응
하며 충분히 싸울 수 있다.

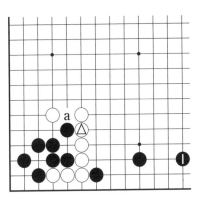

7도(흑, 하변 안정)

앞 그림 백4 때, AI는 흑이 1로
하변을 안정하면 편한 흐름으로
본다. 중앙은 백이 a로 막아도 후
수이므로, 차라리 백은 △로 막는
대신 하변부터 협공하는 것이 효
과적으로 본다.

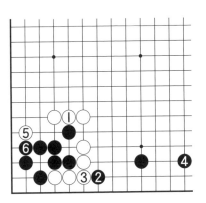

8도(백, 좌변 쪽 막음)

백이 중앙을 막는다면, AI는 차
라리 백1로 좌변 쪽을 막는 것이
효과적으로 본다.

　어차피 흑2, 4로 하변은 흑진
이 버티고 있으므로, 백은 5를 활
용한 후 좌변을 키우는 것이 앞
그림보다 낫다는 판단이다.

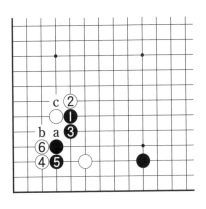

9도(옛날 방식)

흑1의 날일자 붙임이 AI시대에
권장하는 대응인데, 백2에 흑3으
로 끌면 옛날 방식으로 돌아간다.

　백4, 6 다음 흑이 a는 다른 협
공에서도 보았듯이 불리하고, 효
과적이었던 b의 젖힘과 실전적인
c의 끊음에 대해서도 알아보자.

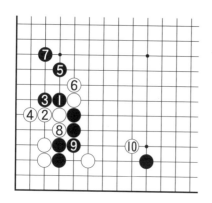

10도(중앙 싸움이 초점)

흑1로 끊으면 이하 5까지 필연이
며 중앙 싸움이 초점이다.

백6, 8을 활용한 후 10으로 움
직이면, AI는 백이 주도하는 흐
름으로 본다.

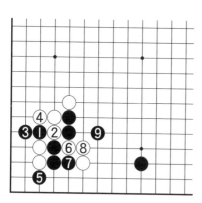

11도(흑, 젖히는 경우)

9도 다음, 다른 협공에서도 보았
듯이 흑1의 젖힘이 효과적이었
다. 백2로 끊은 후 9까지 필연의
수순이다.

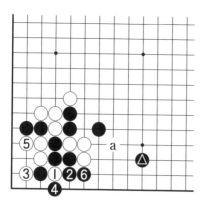

12도(흑의 불만)

이다음 백1 이하 5까지 두점을
잡고 흑6으로 꼬부려 석점을 제
압하면 다른 협공에서 보았던 동
일한 흐름이다. 이 모양에서는 흑
⬤가 낮아 백a의 활용이 남은 것
이 흑의 불만이다.

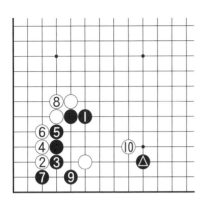

13도(백, 싸움 주도)

되돌아가서 9도 백2 때, 흑1의 뻗음이 AI시대에 진화된 수단이다. 백2로 3三에 침입한 이후 흑7로 젖히면 백8의 이음이 무난하며, 흑9로 지킬 때 흑▲가 낮은 만큼 백10으로 움직여 싸울을 주도할 수 있다.

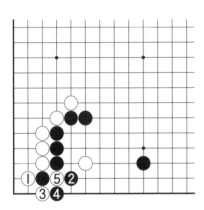

14도(패로 버팀이 요령)

앞 그림 흑7 때, 백1로 젖히면 흑은 2의 호구로 받고 백3 단수에 흑4의 패로 버티는 것이 요령이다. 백5로 따낼 때~

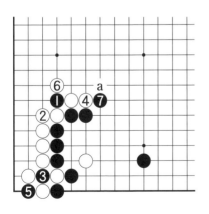

15도(능동적 수순)

흑도 1로 자체 팻감을 쓰고 3으로 따낸다. 백도 4로 중앙을 밀고 흑5로 패를 해소하면 백6으로 한 점을 잡는 것이 능동적 수순이다.

흑7의 젖힘도 기세인데, 여기서 백이 손을 빼면 흑a로 올라서는 자세가 힘차다.

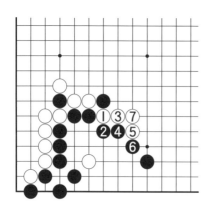

16도(끊음도 기세)

따라서 백1의 끊음도 기세.

흑은 2로 단수쳐서 하변을 지켜야 하며, 이하 7까지 AI가 제시하는 무난한 변화이다.

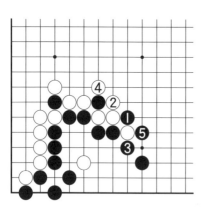

17도(긁어 부스럼)

앞 그림 백5 때 흑1, 3의 단수는 긁어 부스럼이다.

백4와 흑5로 각각 한점을 따내면 부분적으로 흑이 잘된 타협이지만, AI는 후수가 된 흑이 약간 손해로 본다.

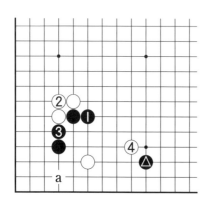

18도(백이 잇는 변화)

흑1에는 백2의 이음으로 변화를 구할 수 있다.

흑3으로 막는 것이 AI의 일순위 추천인데, 백은 a로 있지만 흑❹가 낮은 만큼 백4로 진출해서 싸울 수도 있다.

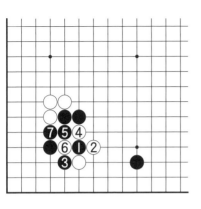

19도(흑만 튼튼)

앞 그림 백2 때, 흑1의 붙임도 일
책이다. 백2로 젖히면 흑3의 호
구가 안성맞춤이다.

백4의 단수에는 흑5의 패로 버
티면서 7로 잇는다. 이런 식이면
백이 약점을 열심히 파고들어도
흑만 튼튼해져서 재미 없다.

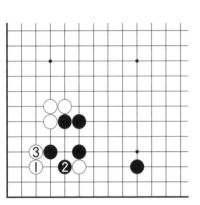

20도(흑, 불만)

흑이 붙이면 백1의 3三침입이 알
기 쉽다.

이때 흑2로 하변을 차단하는
것은 백3으로 넘는 실리가 충실
해서 흑의 불만이다.

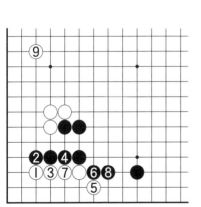

21도(알기 쉬운 정리)

백1 침입에는 흑도 2로 막아 좌
변을 차단하고 백3에 흑4 이하 8
까지 두텁게 정리하면 알기 쉽다.

벡도 9로 벌려 좌변을 정비하
면, AI는 서로 무난한 타협으로
본다.

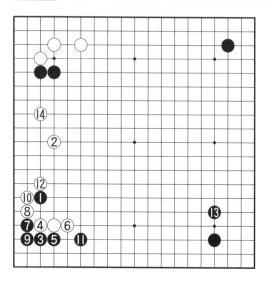

실전 1

좌하 백2의 세칸높은 협공에서 12까지는 AI 시대의 신정석인데, 백이 후수이지만 약점 없는 두터움이 장점이다.

흑13의 굳힘 다음 백14의 벌림도 협공을 겸해서 명당이었다.

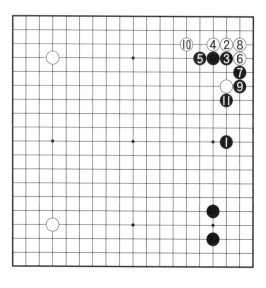

실전 2

이번에는 흑1의 세칸 협공인데, 백2로 침입하면 11까지는 AI시대 간명한 정석이다.

흑이 후수이지만 대신 우변이 단단하다.

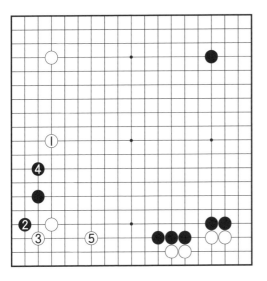

실전 3

화점 포석에서 우하귀는 이른 3三침입에서의 정석이다.

초점은 좌하 백1의 세칸높은협공인데 흑은 2, 4로 처음부터 안정했고 백도 5로 벌려 서로 간명하다.

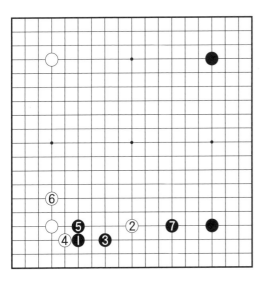

실전 4

이 바둑도 화점 포석인데, 흑1의 걸침에 처음부터 백2의 세칸높은협공이다. 흑은 3의 단순한 벌림으로 백4, 6을 유도해서 흑7로 공격했다. AI 안목에서 최선의 행마는 아니지만, 하변을 주도하려는 의도적인 작전이다.

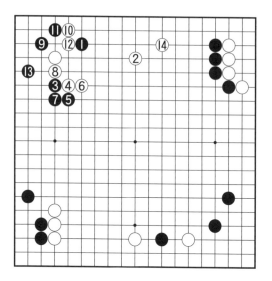

실전 5

초점은 상변 백2의 세 칸높은협공. 흑3의 높은 양걸침에서 5, 7은 변을 중시한 선택. 흑9의 침입 후 13까지 간명하지만, 백이 14로 모양을 구축하며 유리한 흐름이다. AI 안목에서 흑은 9로 상변에 터를 잡고 싸워야 했다.

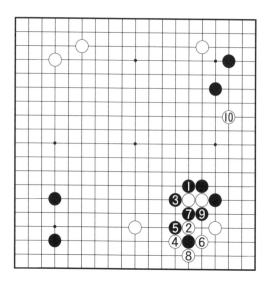

실전 6

이번에도 높은 양걸침에서의 정석이 진행 중인데, 흑은 우변을 키우기 위해 1로 밀어올렸다. 이하 9까지 수순이 약간 미묘하지만 흑세력과 백 실리로 대결하는 정석이다.

　백은 10으로 걸치며 우변 삭감에 나섰다.

3부
수비 후 공격

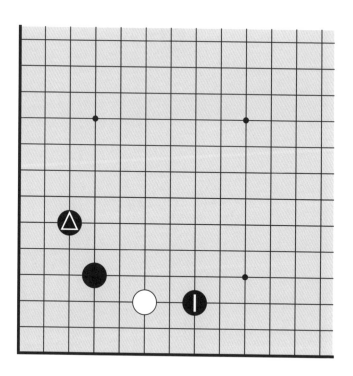

AI시대에는 백이 화점에 걸치고 흑▲로 받아 수비로 임하면 손을 빼는 경우도 많은데, 이후 흑1의 한칸협공이 주된 공격 수단이다.

여기서는 기본 변화에 대해 알아보는데, 상황에 따른 대응법과 더불어 기발한 수습도 배워둘 만하다.

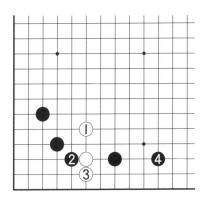

1도(백, 불안)

기본형 다음 백1로 뛰어나가는 것은 바람직하지 않다.

흑2로 근거를 위협한 후 4로 하변을 안정해두면, 백만 불안한 모습이다.

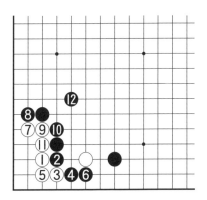

2도(백, 불리)

백1의 3三침입도 무조건 안정해야 하는 상황이 아니라면 더욱 찬성할 수 없다. 흑2로 막은 후 12까지 백이 살아야 한다면, 귀의 실리를 압도하는 아주 두터운 모양을 허용해서 백이 불리하다.

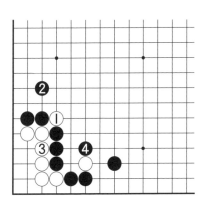

3도(흑이 편한 흐름)

앞 그림 흑10 때, 백도 1로 끊어 단점을 만든 뒤 3으로 사는 수순이 앞 그림에 비해 한결 낫지만, 흑이 4로 보강만 해도 약간 편한 흐름이다.

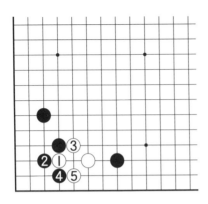

4도(절대 팻감의 유무)

처음으로 돌아가서, 백1의 붙임이 가장 많이 사용된다. 흑2의 젖힘 다음이 중요한데, 백3의 호구행마는 흑4의 단수에 백5의 패로 버틸 수 있어야 효과가 있다.

그런 절대적 팻감이 아니라면 백이 둘 수 없다.

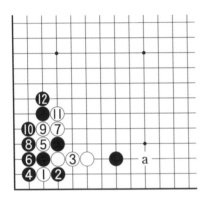

5도(흑, 불리)

앞 그림 흑2 때 백도 1의 젖힘이 무난한 타개 방법이다. 이때 흑2, 4로 한점을 잡은 후 12까지 되면 흑이 눌려서 절대 불리하다.

백은 중앙에서 한점을 잡은 두터움을 토대로 a쪽 협공도 가능해졌다.

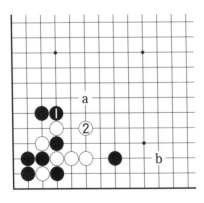

6도(흑의 차선책)

앞 그림 백7 때라도 흑은 1로 밀고 백2로 받으면 흑a나 b로 두는 것이, AI가 제시하는 흑의 차선책이다.

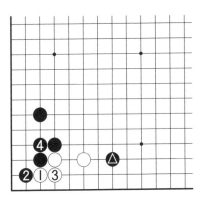

7도(흑의 의도)

백1에 흑2의 이단젖힘. 노림은 있지만 정도는 아니다. 이때 백3에 잇기 쉬운데 흑4로 지키고 나서 보면, 백의 모양에 탄력이 없는 만큼 흑▲가 백의 공격에 안성맞춤이며 바로 흑의 의도이다.

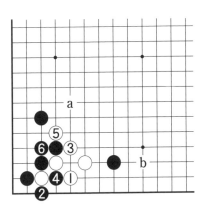

8도(백, 활발한 수습)

앞 그림 흑2 때, 백1의 호구가 탄력적 대응이다. 흑2로 단수치면 백3으로 부풀고 흑4에 백5의 단수 한방이 두터운 활용이다. 흑6으로 잇는 정도인데, 백이 a로 먼저 보강하든 b로 협공해서 싸우든, 활발히 수습하는 진행이다.

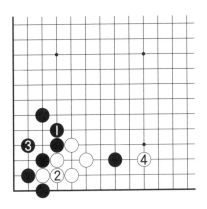

9도(공격적 수습)

앞 그림 백3 때, 흑1로 늘면 중앙은 두텁지만 이번에는 백2의 이음을 허용한다.

흑3의 보강이 후수. 근거를 갖춘 백이 4로 협공하면 공격적으로 수습하며 국면을 주도한다.

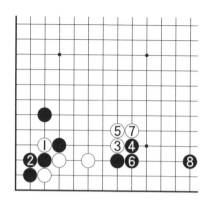

10도(기발한 수습책)

7도 흑2 때, 백1로 끊은 다음 3의 붙임도 귀의 모양을 활용한 기발한 수습책이다.

흑4로 젖히면 백은 두 갈래길. 중앙을 중시하면 백5로 늘고 8까지 무난한 진행이다. 흑도 후수이지만 하변을 안정해서 불만 없다.

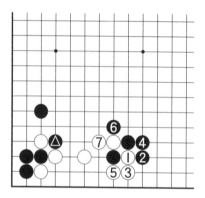

11도(백, 근거 중시)

앞 그림 흑4 때, 백이 근거를 중시하면 1로 끊은 후 7까지 한점을 잡는다. 이 과정에서 흑은 ▲가 활용될 여지가 있어 반발하기 어렵다. 어쨌든 이 진행도 서로 타협된 모습이다.

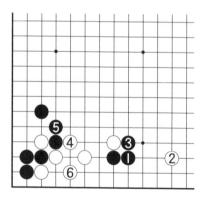

12도(흑이 느는 경우)

10도 백3 때 흑이 끊기는 단점을 주지 않기 위해 1로 늘면, 백은 2로 다가서서 흑3을 유도한 뒤 4, 6으로 귀의 모양을 갖춘다.

AI 안목에서 10-11도에 비해 흑이 약간 미흡한 진행으로 본다.

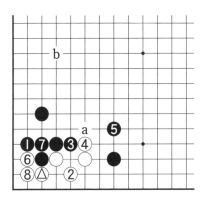

13도(일순위 추천)

백△ 젖힘에 흑1의 호구 지킴이 AI의 일순위 추천이다.

백도 2의 양호구가 탄력적 자세이며 흑3, 5로 추궁하면 백6, 8로 일단 살아서 무난하다. 다음 흑은 a의 봉쇄가 선수가 되지 않는 만큼 b쪽 벌림이 실속 행마이다.

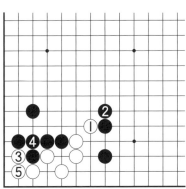

14도(봉쇄를 피하는 방안)

굳이 백이 봉쇄를 피하고 싶다면, 백1로 하나만 활용해놓고 3, 5로 사는 것도 일책이다.

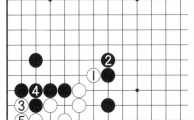

15도(키워 죽인 이유)

이 시점에서 흑1, 3으로 단수치고 잇는 것도 많이 사용된다. 백4로 끊으면 흑5, 7로 키워서 10까지 필연이다.

이렇게 흑이 키워 죽인 것은 선수를 유지하며 유사시 a의 단수를 활용하기 위함이다.

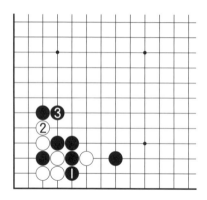

16도(흑, 불만)

앞 그림 백4 때 흑1로 먼저 뚫는 것은 백2에 흑3으로 후수가 되니 흑의 불만이다.

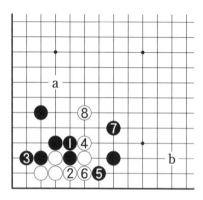

17도(흑, 국면 주도)

흑1로 이을 때 백2로 넘으면 흑3으로 내려서서 백을 추궁한다. 백4로 나가면 흑5, 7로 백을 미생으로 몰면서 국면을 주도한다.

백8 다음 흑은 a나 b를 선택할 수 있다.

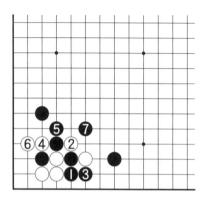

18도(흑, 후수로 불만)

15도 백2 때 흑이 위를 잇지 않고 1로 관통하면 백2로 끊는다.

흑3에 백4, 6으로 살고 나서 흑이 손을 빼면 15도에 비해 허술하고, 7로 지키자니 후수인 점이 불만이다.

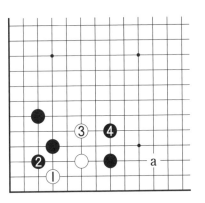

19도(백, 나쁜 흐름)

처음으로 돌아가서, 백1의 날일
자달림은 자체 안정하려는 뜻이
있다. 그런데 흑2로 받을 때 백3
으로 뛰어나가는 것은, 흑이 4로
추격하거나 a로 벌려도 백이 실
속이 없는 나쁜 흐름이다.

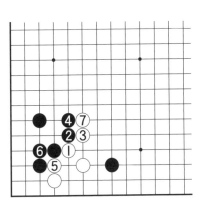

20도(백, 순조로운 타개)

앞 그림 흑2 때 백1의 붙임이 탄
력적인 안정책이다.

흑2, 4로 젖혀 늘면 백5의 요
소를 선수해 모양을 잡고 7로 타
개가 순조롭다.

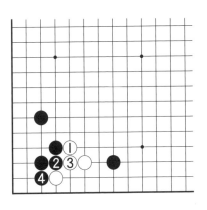

21도(백이 당한 결과)

백1의 붙임에 흑2의 곳은 급소처
럼 보이지만 무거운 공격이다.

이때 백3으로 받으면 흑4로 귀
를 막아 백은 실속이 없고 모양
도 뭉쳐 당한 결과이다.

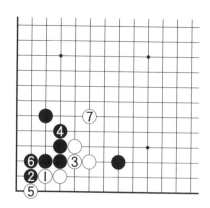

22도(수습의 요령)

앞 그림 흑2 때, 백1로 밀고 들어가는 것이 수습의 요령이다.

이제는 흑2에 백3으로 받더라도 7까지 귀에서 이득을 보면서 자연스럽게 중앙으로 진출할 수 있다.

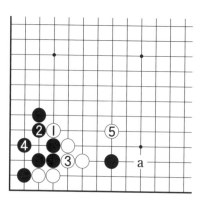

23도(흑, 궁색)

앞 그림 흑2 때 백1의 젖힘이 모양을 활용하는 급소로 흑진을 더욱 괴롭힐 수 있다.

흑이 2, 4로 수비하는 것은 궁색하다. 이제 백은 5로 적극적으로 보강하거나, a의 공격까지 넘볼 수 있어 만족이다.

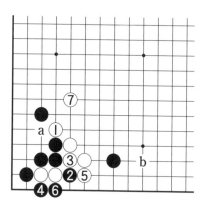

24도(흑, 불리)

백1의 젖힘에 흑2로 두점을 잡으면 백은 3, 5를 선수한 후 7로 진출한다.

그런 다음 백이 a와 b를 맞보면 흑이 불리한 진행이다.

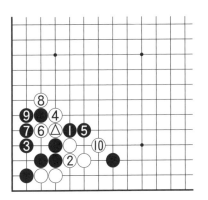

25도(백이 활발한 싸움)

백△ 젖힘에 흑도 1의 끊음이 기세인데 백은 2로 막은 후 4로 나가는 것이 강수이다.

이하 10까지 AI가 제시하는 치열한 공방이며, 백이 활발한 싸움으로 본다.

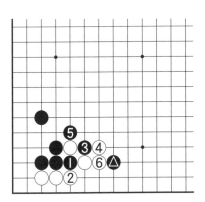

26도(흑, 미흡)

이 시점에서 흑1, 3으로 끊어 반발하면 백4, 6으로 나갈 때 흑은 ▲가 다치므로 미흡한 진행이다.

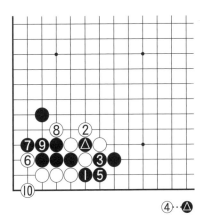

27도(교묘한 수순)

앞 그림 백4 때 흑1, 3으로 반발하는 것이 흑의 속셈일지 모르지만 백은 4로 이어놓고 6, 8을 선수한 후 10의 호구가 교묘한 수순이다.

백10은 자체로 살 수 없기에 이처럼 패 모양으로 버틴 것이다.

④‥▲

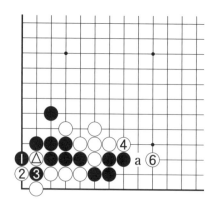

28도(흑이 매우 불리한 흐름)

그러면 흑1에 백2로 패가 나지만 흑3, 5로 패를 이겨 그 사이 백이 4, 6으로 하변을 포위하기만 해도, 흑은 a로 나가 2선을 기어야 하니 매우 불리한 흐름이다.

❺…△

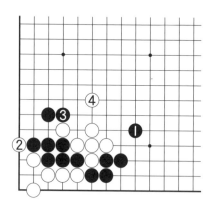

29도(백, 대성공)

27도 다음 흑이 패를 걸지 않고 1로 중앙 백부터 공격하면, 백이 재빨리 2를 선수해 귀를 자연스럽게 살고 4로 중앙을 움직여 대성공이다.

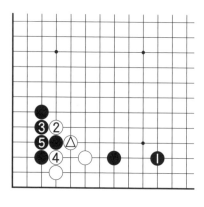

30도(무난한 타협책)

백△에 흑이 바로 대응해서 유리한 상황이 아니라면, 아예 다른 데로 손을 돌리는 것이 현명하다.

흑1의 벌림이 무난하며 백도 2, 4를 활용해서 모양을 갖추는 것이 안성맞춤이다. 서로 이곳에서 맞부딪치지 않는 타협책이다.

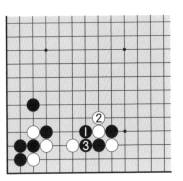

田 장면

이 장면에서 흑이 1, 3으로 치고 나오면 백은 어떻게 대응할지 생각해 보자.

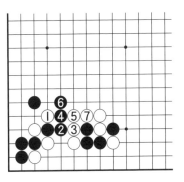

1도(백, 하변 제압)

이때야말로 귀의 모양을 활용할 시점이다.

백1로 단수치고 흑2에 백3 이하 7까지 하변을 제압하면, AI 기준에서 흑이 망했다고 봐도 된다.

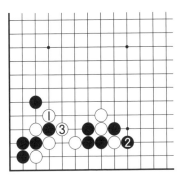

2도(백, 타개 성공)

백1에는 흑2로 하변을 보강하는 정도이지만, 백이 3으로 한점을 따내면 타개 성공이다.

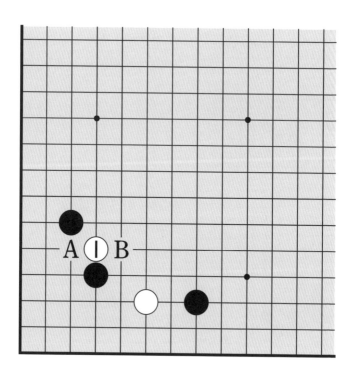

　백1로 날일자 옆구리에 붙인 것은 강하게 수습하겠다
는 뜻이지만, 계획된 노림만 피한다면 흑이 크게 손해
볼 일은 없다. 흑은 A로 잇거나 B의 젖힘으로 대응할
수 있는데 A는 온건책이고 B는 강공책이다.

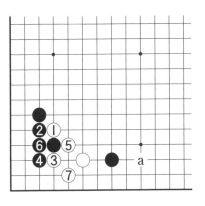

1도(백의 노림)

백1에 흑2로 잇고 백3의 붙임에
도 흑4로 온건하게 또 받으면 백
이 5, 7로 모양을 갖추기만 해도
탄력적인 자세로 수습이 잘됐다.

더욱 백7로는 a에 협공해도 국
면을 주도할 수 있는 만큼 백의
노림이 통했다.

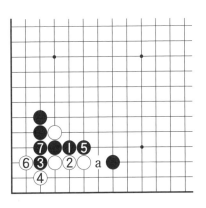

2도(흑, 두터움)

앞 그림 백3 때 흑1로 나간 후 3
의 젖힘이 좋은 수순이다.

백4로 젖히면 흑5로 봉쇄하고
백6에 흑7로 이으면, 백 실리에
대해 흑도 두터워서 충분하다.

차후 흑a로 막히는 것이 거의
선수이므로~

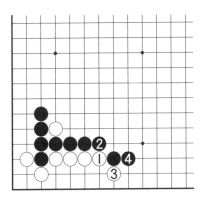

3도(흑, 손해)

백1, 3으로 나가는 경우, 흑이 4
로 늘면 후수가 되어 오히려 손
해이다. 차라리 백3에 흑이 손을
빼든지~

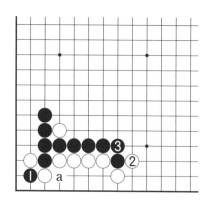

4도(끊으면 손을 빼는 것이 최선)

흑이 여기를 둔다면 1로 끊어 응수를 타진하는 것이 효과적이다.

　백도 2를 선수한 후 손을 빼는 것이 최선이다.

　만일 흑3에 백a로 이으면 흑이 손을 빼서 활발하다.

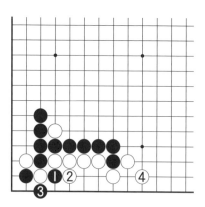

5도(귀와 변이 연계된 모양)

여기는 차후 흑1, 3으로 한점을 잡으면 백4로 지키는 정도이다.

　귀와 변이 연계된 모양은 수순 하나 차이로 결과가 달라지므로 주의해야 한다.

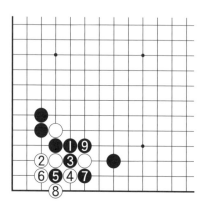

6도(흑, 두터움)

흑1 때 백2로 귀에 진입하면 흑 3, 5로 끊은 후 9까지 귀의 실리를 허용하고 봉쇄해도 역시 흑의 두터운 흐름이다.

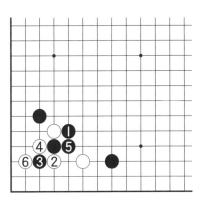

7도(공격적인 대응)

처음으로 돌아가서, 흑1의 젖힘은 공격적인 대응이지만 상대에게 빌미를 줄 염려도 있어 다음 진행에 조심해야 한다.

백2의 붙임에 흑3으로 젖히면 백은 4, 6의 단수로 반격을 가하는데~

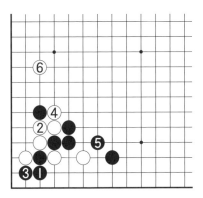

8도(백, 수습 성공)

흑1로 나갈 때 백2로 잇고 동태를 살핀다.

이때 흑3의 꼬부림이 실리로 크지만, 백4로 나갈 때 흑5로 지켜야 하므로 백6으로 좌변에 모양을 구축하면, AI는 백의 수습 성공으로 본다.

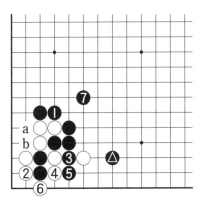

9도(무난한 타협)

앞 그림 백2 때, 흑1로 좌변을 봉쇄하는 것이 정수이다. 백2로 막을 때 흑도 3 이하 7까지 두텁게 정비하면 ▲가 약간 중복이라도 무난한 타협이다.

그 전에 흑a와 백b의 교환을 하지 못한 이유는~

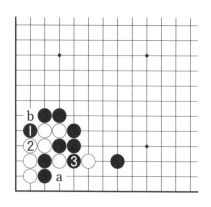

10도(백이 손을 뺄 여지)

앞 그림 백2 때, 흑1로 먼저 단수 치면 백2로 받고 흑3에 백이 손을 뺄 여지가 생긴다. 귀의 백은 a와 b를 맞보기로 안전하다.

선수와 후수의 차이를 중시하는 AI 관점에서는 앞 그림을 최선으로 본다.

11도(백이 아주 궁색한 모습)

7도 백2 때 흑1, 3으로 끼워 이으면 백은 어떻게 대응할까.

이때 백4로 호구치면 흑5, 7로 눌려 백8로 삶이 시급하니, 백이 아주 궁색한 모습이다.

12도(같은 가치)

앞 그림 흑3 때 백1로 늘어서 귀에 진입하는 것이 정수이며, 흑도 2로 끊어 4를 활용해놓는 것이 요령이다. 다음 흑a는 후수로 대세에 뒤지므로, 여기서 손을 빼는 것이 최선이다. AI는 9도와 12도를 같은 가치로 여긴다.

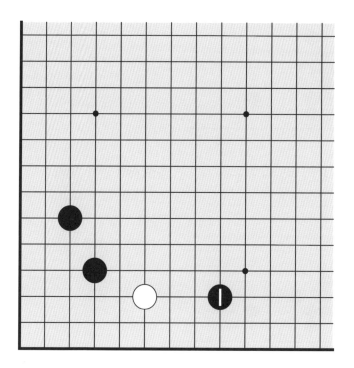

이번에는 화점 걸침에 흑이 지키고 나서 백이 손을 빼는 경우, 흑1로 두칸협공하는 수단에 대해 알아본다.

한칸협공과 토대는 비슷하면서도 다른 변화가 일어나며 사고방식도 달라져야 한다.

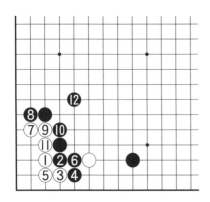

1도(성급한 3三침입)

우선 백1의 3三침입은 즉각 귀에서 살아야 하는 경우가 아니라면 성급한 행동이다. 흑2로 막은 후 12까지 정리되면, 한칸협공에서도 보았듯이 귀를 봉쇄한 흑의 진영이 매우 두텁다.

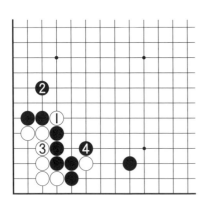

2도(흑이 편한 흐름)

앞 그림 흑10 때라도, 백은 1로 끊어 단점을 만들어놓고 3으로 사는 것이 효율적이다.

어쨌든 흑이 4로 보강하면 편한 흐름이다.

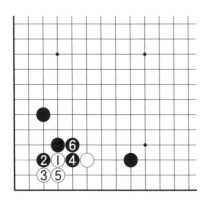

3도(상용 수습책)

두칸협공일 때는 특히 백1, 3의 붙이고 젖히는 수단이 많이 사용되는 수습책이다.

흑4, 6으로 단수치고 이을 때가 선택의 기로인데~

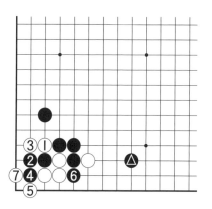

4도(실전에 많이 나오는 타협)

백1로 귀의 한점을 잡으면 흑2, 4로 키우고 6을 선수해서 백7로 석점을 잡는 데까지 필연이다.

그러고 나서 보면 한칸협공에 비해 흑▲의 간격이 넓은 이점이 있지만, 아무튼 이 모양은 실전에 많이 나오는 타협의 길이다.

5도(수습하는 여유)

두칸협공에서는 3도 다음 백1로 넘는 경우도 많다.

흑이 6까지 공격해도 a의 맛이 남아, 백도 수습하는 데 여유가 생긴다. AI는 흑6으로 차라리 b의 벌림이 실전적이라 본다.

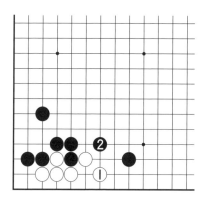

6도(안정을 위한 호구)

상황에 따라 백이 빨리 안정하자면, 소극적이지만 1의 호구 지킴도 일책이다.

흑도 2의 씌움이 강수인데~

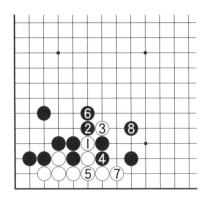

7도(성급한 끊음)

이다음 백1, 3으로 나와 끊는 것은 성급한 행동이다.

흑4의 단수가 선수로 들어 이하 8까지 봉쇄되면, 백이 2선으로 눌리며 겨우 사는 모양이 되므로 불리한 진행이다.

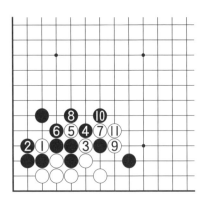

8도(바꿔치기하며 타협)

6도 다음 백1의 끊음이 교묘한 응수타진이다.

흑2로 잡으면 백은 3으로 나와 5, 7로 단수친 후 11까지 한점을 잡으며 탈출할 수 있다.

서로 바꿔치기하며 자연스럽게 타협이 이루어졌다.

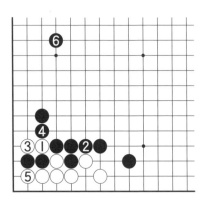

9도(두터움 구축)

백1의 끊음에는 흑2쪽을 잇는 것도 간명하다. 백3, 5로 두점이 잡혀 실리를 허용했지만, 흑이 6쪽으로 날개를 펴서 두터운 모양을 구축하면 충분하다.

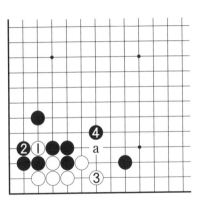

10도(백의 손해)

5도 흑2 때 백1로 먼저 끊어놓고 3으로 호구치면 흑a의 봉쇄를 피하면서 빨리 안정할 수 있지만, 귀에서는 백의 손해이다.

흑이 4로 두기만 해도 활발하므로, 특별한 상황이 아니면 백이 바람직하지 않다.

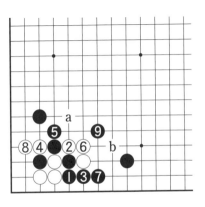

11도(흑이 심하게 당한 모양)

3도 백5 때 흑1로 관통하면 어떨까. 백은 2로 끊은 후 8까지 귀에서 살고, 흑은 9의 장문이면 석점을 잡는 흐름이 된다.

차후 백은 a와 b 주변을 모두 활용할 수 있어, AI는 흑이 심하게 당한 모양으로 본다.

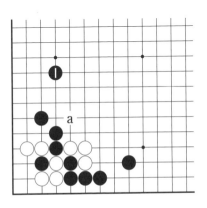

12도(백, 만족)

앞 그림 백8 때 흑1의 벌림이 발전된 대응이지만, 백이 a로 움직이는 맥이 남은 만큼 AI는 백의 만족으로 본다.

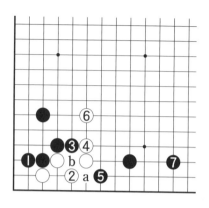

13도(흑이 능률적인 흐름)

3도 백3 때 흑1로 가만히 뻗는 수도 실전에는 자주 등장한다.

백2, 4로 받으면 흑5로 추궁해서 백a로 받으면 b의 단수를 결정하지 않은 만큼 흑의 이득이므로, 백6으로 뛰는 정도인데 흑이 7로 벌리면 능률적인 흐름이다.

14도(파생된 정석 변화)

흑1에 백도 2의 호구치는 수로 대항할 수 있다.

흑3, 5로 한점을 잡으면 백은 a로 협공하거나 b로 진출하는 흐름이 된다. 이 경우의 파생된 정석 변화라고 봐도 좋다.

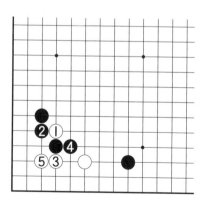

15도(시의적절)

처음으로 돌아가서, 백이 난전에 강하다면 1로 날일자 옆구리에 붙이는 수도 생각할 수 있다.

흑2로 쉽게 받으면 이번에는 백3에 붙이고 5로 진입하는 것이 시의적절하다.

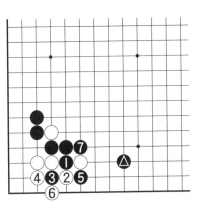

16도(흑, 불만)

이다음 흑1, 3으로 끊으면 7까지
필연인데, 두칸협공의 경우에는
흑의 두터움에 ▲의 위치가 부적
절해서 흑의 불만이다.

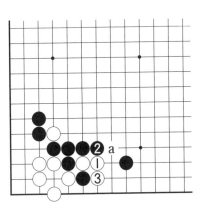

17도(불만의 요인)

이다음 백1로 나갈 때 흑2로 중
앙 두터움을 살려도 백3 다음 a
의 맛이 남아 흑 모양이 약간 허
술하다. 흑 불만의 요인이다.

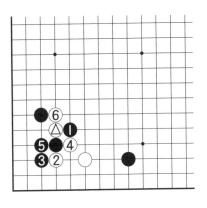

18도(젖힘이 강수)

백▲에 흑1의 젖힘이 강수이다.
백2의 붙임에는 흑3에 젖히고 백
4로 단수치고 6으로 나가면~

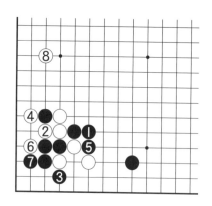

19도(무난한 바꿔치기로 타협)

흑1로 뻗고 백2로 뚫는 것이 서로 기세이다.

　흑3, 5로 하변을 제압하고 백4 이하 8까지 좌변에 모양을 갖추면, AI가 제시하는 무난한 바꿔치기로 타협된 모습이다.

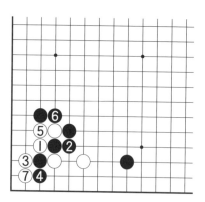

20도(중앙 싸움을 피하는 방안)

18도 흑3 때 백1, 3의 귀쪽 공략은 백이 중앙 싸움을 피하는 방안이다. 이하 7까지 필연이며~

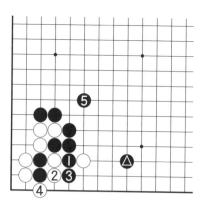

21도(무난한 타협)

흑도 1 이하 5까지 두텁게 처리하면 한칸협공에 비해 ▲ 자리가 효율적이며, 서로 무난한 타협이다.

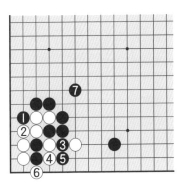

⊞ 장면

이 장면에서 흑이 1로 활용한 후 3 이하 7까지 두텁게 정리하면 가장 잘된 모습이다.

이 과정에서 백의 반발은 무엇인 지 생각해보자.

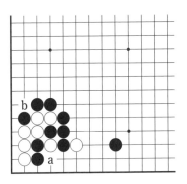

1도(손을 빼는 권리)

앞 그림 흑1의 활용 덕분에, 이 시 점에서 백은 a와 b를 맞보기로 손을 빼도 되는 권리가 생긴다.

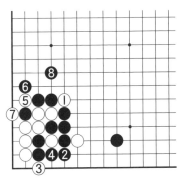

2도(중앙에서 움직이는 맛)

장면 흑3 때, 백1로 끊고 싸울 수도 있다. 이하 8까지 AI가 제시하는 변 화이며, 백은 중앙에서 움직이는 맛 을 남긴 뒤 손을 빼도 된다.

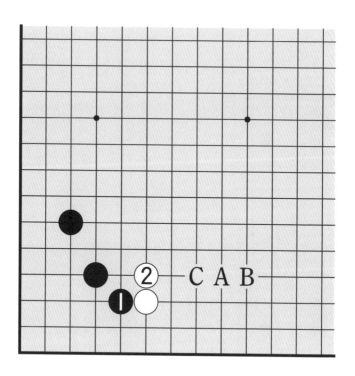

   이번에는 흑1의 마늘모로 붙인 후 대표적 협공 수단
인 A~C에 대해 핵심 흐름 위주로 알아본다.

   작전에 따라 협공 방법을 선택할 수 있는데, 균형감으
로는 A의 두칸협공이 적당하며 B의 세칸협공도 유연성
이 있어 많이 둔다. C의 한칸협공은 반격할 여지가 있어
흔한 수는 아니지만 노림이 있어 대응에 주의해야 한다.

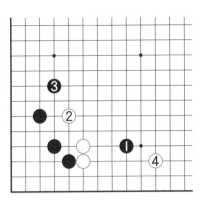

1도(두칸협공의 경우)

흑1의 두칸협공부터 알아보자.

백2의 날일자 모자는 좌변 흑을 압박하며 모양을 갖추려는 뜻이다. 흑3으로 보강하면 백도 4로 협공하며 반격을 모색하는 흐름이 된다.

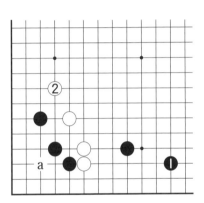

2도(연속 날일자씌움)

앞 그림 백2 때 흑1로 하변부터 돌보면 백은 2의 날일자로 연속 씌우면서 a의 침입을 노리는 흐름이 전개된다.

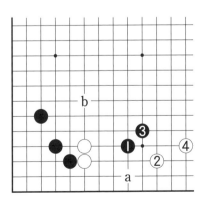

3도(공격적 대응)

흑1의 협공 때 곧장 백2의 반격은 공격적인 대응이다.

흑3의 마늘모는 유연한 행마이지만, 백은 4로 지켜도 귀의 두점은 상황에 따라 a의 연결과 b의 진출을 선택할 여유가 있다.

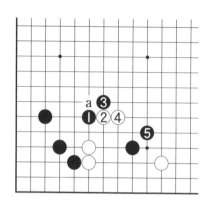

4도(기분에 취한 행마)

앞 그림 백2 때 흑1의 모자가 능
동적 공격이다.

백2로 기대 타개할 때 흑3으로
젖히면서 5로 진출하는 것은 기
분에 취한 행마로 a의 단점이 노
출된다.

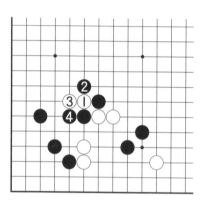

5도(장단을 맞춰주는 행동)

그렇더라도 백1로 당장 끊는 것
은 과속 행마에 장단을 맞춰주는
행동이다. 흑2, 4로 몰면 백이 하
변도 약한 만큼 재미 없다.

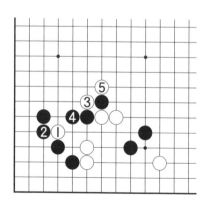

6도(사전 공작)

4도 다음 백1의 붙임이 AI가 알
려주는 사전 공작이다.

흑2로 받을 때 백3, 5로 한점
을 잡으면 백이 국면을 주도하는
흐름이다.

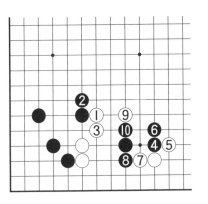

7도(어려운 싸움)

백1에는 흑2로 물러서는 것이 무난하다.

백3에 연결하면 흑4로 붙인 후 10까지 AI가 제시하는 변화의 예인데 서로 어려운 싸움이다.

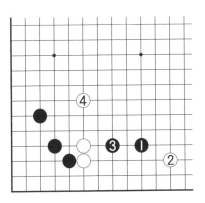

8도(세칸협공의 경우)

처음으로 돌아가서, 흑1의 세칸 협공이면 거리에 여유가 있는 만큼, 백도 2쪽에서 다가서는 것이 우선이다.

흑3의 한칸으로 재차 협공하면 백은 4로 자연스럽게 두칸 뛰어 진출한다.

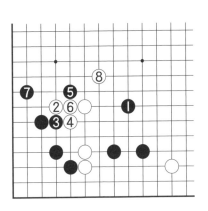

9도(흑, 중앙 중시)

이다음 흑1로 중앙을 중시하면, 백은 2의 상용 어깨짚음으로 8까지 모양을 정비한다.

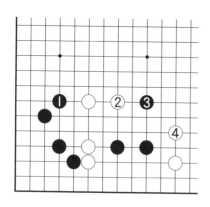

10도(흑, 좌변 중시)

8도 다음 흑이 좌변을 중시하면 1의 마늘모가 모양의 급소이다.

백2는 필요한 수비이며 흑3과 백4는 중앙에서의 힘겨루기이다.

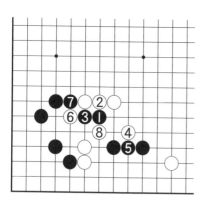

11도(차단에 백의 타개법)

앞 그림 백2의 뜀이 허술해 보인다고 흑1, 3으로 차단하면 백4를 활용한 후 6, 8로 반격해서 백이 충분히 타개할 수 있다.

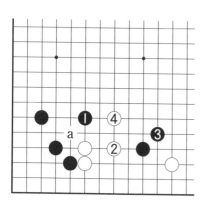

12도(흑, 모자 공격)

8도 백2 때 흑1로 모자를 씌우는 것도 일책이다.

백은 2, 4로 중앙에 진출하며 a의 반격을 노리면 흑의 공격 효과를 제어할 수 있다.

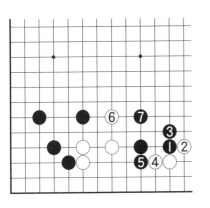

13도(효과적으로 추격)

앞 그림 백2 때, AI는 흑1로 붙인 후 5까지 하변을 차단해놓는 것이 능동적이라 본다.

백6이면 흑7로 정비하며 효과적으로 추격할 수 있다.

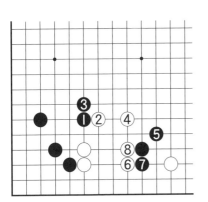

14도(실전적 방안)

흑1에 백2, 4로 중앙에 기반을 만든 후 흑5로 나가면 백6, 8로 근거를 갖추는 것도 AI가 알려주는 특별하지만 실전적 방안이다.

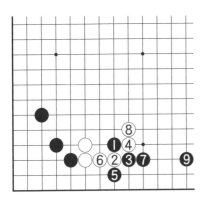

15도(한칸협공의 의도)

이번에는 흑1의 한칸협공인데 가장 강한 공격이지만 그만큼 위험도 크다.

백2, 4로 자체에서 타개하려는 것은 이하 9까지 하변에 흑의 모양을 허용해 바람직하지 않다. 흑이 한칸협공한 의도이기도 하다.

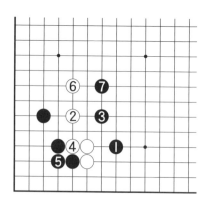

16도(백이 쫓기는 흐름)

흑1의 협공에도 백2의 날일자 모자는 유효한데 흑3의 위협을 감당해야 한다.

　백4로 귀를 굳혀주며 6으로 달아나면 안전하지만, 흑7로 추격하기만 해도 백은 쫓기는 흐름이 되어 실속이 없다.

17도(주도적 대응)

앞 그림 흑3 때, 백은 1로 응급조치하고 3으로 붙이며 변에서 반격하는 것이 주도적 대응이다.

　흑도 4로 아래로 젖히는 것이 안전하며~

18도(효과적 대응)

백은 1로 건너 붙인 후 5까지 변으로 진출하는 것이 효과적 대응이며, 다음 상황에 따라 a로 막거나 b의 침입을 노린다.

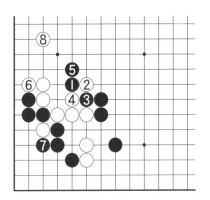

19도(변에서 자세를 잡고 타개)

이다음 흑1로 위협하면 백2, 4로 방어한 후 6, 8로 백은 변에서 자세를 잡고 타개된 모습이다.

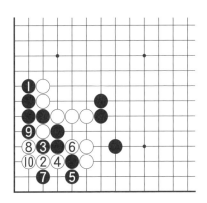

20도(적절한 응수타진)

18도 다음 흑1로 밀면 백2의 침입이 적절한 응수타진이다.

이하 10까지 서로 최선을 다한 수순으로 기억해둔다.

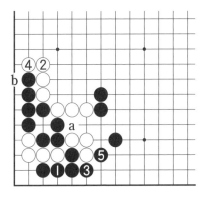

21도(무난한 타협)

이다음 흑1로 수를 줄이면 백2로 늘어두는 것이 요소이다. 흑3에 백4로 막고 흑5로 넘어가면 서로 무난한 타협이다.

흑이 변으로 넘어가면서 귀를 방어했지만, 백도 a와 b쪽이 모두 활용되므로 불만 없다.

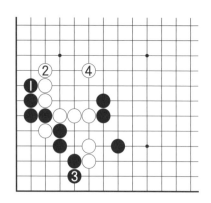

22도(알기 쉬운 차선책)

백이 귀에서의 복잡한 변화를 피하고 싶을 경우, 흑1에 밀 때 단순히 백2로 늘면 간명하다.

흑3으로 귀를 지키면 중앙 백4로 모양을 갖춘다. 이 진행은 알기 쉬운 차선책으로 기억해두자.

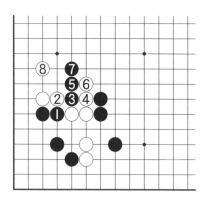

23도(백이 순조로운 흐름)

17도 백3 때 흑1, 3으로 끊는 것이 얼핏 위협적이지만 백은 4, 6으로 돌파한 후 8로 뛰기만 해도 매우 순조로운 흐름이다.

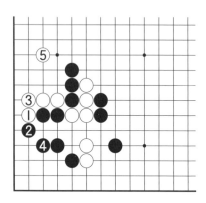

24도(흑이 더욱 불리한 흐름)

앞 그림 흑7 때 백1, 3의 젖혀이음으로 귀를 추궁할 수도 있다. 흑4로 지키면 백5의 벌림으로 리듬을 탄다.

AI 안목에서 흑이 앞 그림보다 더욱 불리한 흐름으로 본다.

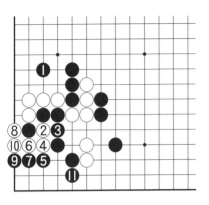

25도(백 선수로 흑의 불리)

앞 그림 백3 때, 흑도 1로 좌변을 차단하는 것이 우선이다.

　백은 2로 끊는 수가 있어 10까지 사는 데 문제없다. 귀는 흑이 11로 보강해야 후환이 없다.

　백이 선수인 만큼, AI는 이 진행도 흑의 불리로 본다.

26도(백의 간명책)

애초 흑의 한칸협공 때 백이 안전하게 두자면, 1로 뛰며 a의 공격을 노리는 것도 간명하다.

　흑도 협공이 가까운 만큼 하변 처리가 시급해진다.

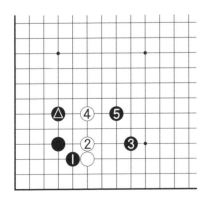

27도(한칸 수비에서 협공)

흑▲로 한칸 수비일 경우, 흑1로 붙인 후 5까지 추격하면 백이 일방적으로 쫓길 염려가 있다.

　이럴 때는 흑1에 백이 손을 빼고 다른 큰 자리에 두는 것도 유력하다.

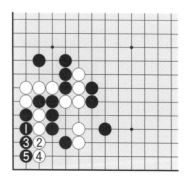

▦ 장면

이 장면에서 흑1 이하 5로 몰자 백
이 위기에 처했다.

귀는 수상전 양상인데, 백의 묘안
을 생각해보자.

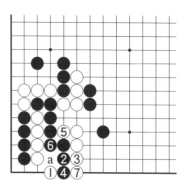

1도(상황을 역전시키는 묘수)

백1의 마늘모 행마가 상황을 역전
시키는 묘수이다. 흑2에 백3 이하 7
까지면 a의 곳이 자충이 되므로 수
상전은 백승이다.

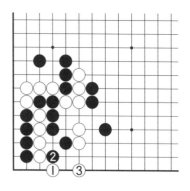

2도(연결의 맥)

백1에 흑2가 자충의 급소이지만 이
때는 백3의 한칸이 연결의 맥이다.

백을 차단할 수 없으니 흑이 고스
란히 죽은 모습이다.

실전 정석활용

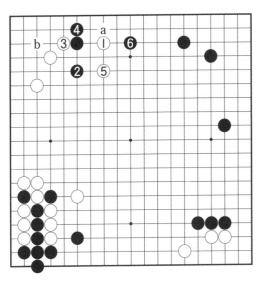

실전 1

화점 포석에서 하변 쪽은 AI시대의 대표적 정석으로 되어있다.

좌상변이 초점. 백1 한칸협공에 흑2로 뛰면 백3, 5로 쫓길 염려가 있지만 좌변 세력을 견제하려는 뜻이다. 흑6은 a와 b를 노리며 두려는 능동적 구상이다.

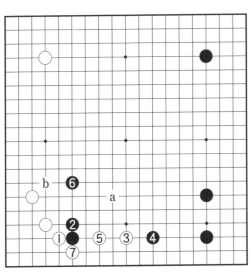

실전 2

하변에서 백1, 3의 세칸협공은 유연한 구상이다. 흑4에 백5의 접근은 7로 변과 연계해서 귀부터 지켜놓고 두려는 안정적 구상이지만 발이 늦다는 단점이 있다.

AI 안목에서 백7은 a로 두고 흑b로 정비하는 진행을 권장한다.

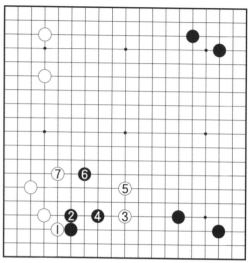

실전 3

좌하변이 초점인데, 백 1로 붙인 후 3의 세칸 높은협공은 우하 흑진도 고려한 구상이다.

흑4, 6은 자체 근거를 마련하며 진출한다는 뜻이지만 약간 편중된 행마이다. 백은 7로 위협하며 일단 국면을 주도한다.

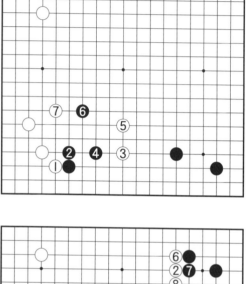

참고도(AI 추천)

AI가 보여주는 변화는 전체적 안목이 뛰어나다. 실전 백3 때, 일단 흑1로 벌려 모양을 구축하고 백2로 견제하면 이제야 좁지만 흑3으로 다가선 후 5의 두칸 행마를 추천한다. 백6, 8로 상변을 키우면 흑도 9, 11로 자연스럽게 좌변으로 진출한다.

바둑 일류의 심오하고 창조적인 판세 읽기

진격의 중반전

352쪽 | 목진석 감수 · 이하림 편저

바둑의 드라마틱한 중반전에 프로 일류는 어떻게 판세를 읽어가는가? 프로 고수의 실전보에서 재료를 발췌해 중반의 긴 과정을 따라가면서, 형세판단을 곁들여 나타날 수 있는 다양한 장면들을 보여준다.

이기는 바둑 시리즈

01 기본정석으로 강자가 되어라

272쪽 | 목진석 감수 · 백재욱 지음

귀의 화점과 소목에서 기본적이고 중요한 변화를 익힌다면 정석을 거의 마스터했다고 봐도 좋다. 그러므로 바둑에 강해지려면 화점과 소목의 기본정석을 마스터하라!

02 기본포석으로 승자가 되어라

276쪽 | 목진석 감수 · 백재욱 지음

최근의 포석은 처음부터 공간 전체를 활용하는 발상이 트렌드다. 그 과정에서 치열한 전투가 일어나기도 한다. 그럴수록 기본에 바탕을 둔 포석 감각을 익혀라. 그것이 안전하게 이기는 길이다.

03 기본행마로 감각을 키워라

276쪽 | 목진석 감수 · 이하림 지음

바둑은 효율이다. 효율적인 바둑을 두려면 부분적인 모양에서의 행마의 길과 쓰임새, 전체적인 안목에서의 급소와 행마법을 익혀야 한다. 이런 행마의 감각을 키워 실전에서 적절히 구사해보자.

04 기본전략으로 판을 지배하라

268쪽 | 목진석 감수 · 이하림 지음

정석은 주로 귀의 변화, 포석은 귀를 토대로 한 변의 변화가 핵심이라면, 전략은 중앙까지 염두에 둔 입체적 실전적 개념이다. 그야말로 야전(野戰)이다. 이제 야전의 세계로 들어가 보자.

05 기본사활로 수읽기에 강해져라

272쪽 | 목진석 감수 · 이하림 지음

전체 판을 주도하려면 부분전투에 능해야 하고 그런 능력을 키우려면 수읽기에 강해져야 한다. 사활은 그 첩경이다.

06 기본맥점으로 수보기에 강해져라

272쪽 | 목진석 감수 · 이하림 지음

바둑 한 판의 과정에는 다양한 맥이 숨어있다. 이런 맥을 찾는 학습으로 수를 빨리 보는 힘을 기르면 판의 급소를 읽으며 각종 전투에서 승리할 수 있다.

07 기본변칙수로 위기를 돌파하라

272쪽 | 목진석 감수 · 이하림 지음

바둑은 정석대로만 두어서는 이길 수 없다. 그 과정에는 온갖 변칙적인 수법이 도사리고 있다. 이런 위기를 극복하고 살아남으려면 불의의 변칙수를 응징하고 때로는 상황에 맞는 정의의 변칙수를 구사해 어려운 판세를 돌파해야 한다.

08 기본끝내기로 판을 뒤집어라

272쪽 | 목진석 감수 · 이하림 지음

바둑은 마라톤과 같아서 단번에 승부가 나지 않는다. 종반 역전의 짜릿함을 맛보려면 불리한 국면이라도 무모한 행동을 삼가며 때를 기다리는 인내심이 필요하다. 그런 절대 기회가 생겼을 때 끝내기의 묘미로 판을 뒤집어보자.

왕초보 바둑 배우기 시리즈

왕초보 바둑 배우기 1. 입문하기

238쪽 | 조창삼 지음

바둑을 처음 접하는 분들이 배워야 할 규칙과 기본 기술을 이해하기 편한 대화 형식으로 거침없이 풀었다.
1권을 마치면 누구랑 두어도 당당할 것이다

왕초보 바둑 배우기 2. 완성하기

236쪽 | 조창삼 지음

'입문하기 편'을 마친 분들이 배워야 할 부분 기술과 행마를 이해하기 편한 대화 형식으로 거침없이 풀었다. 2
권을 마치면 부분 전투에 자신이 붙어 바둑의 묘미를 느낄 것이다.

왕초보 바둑 배우기 3. 대국하기

240쪽 | 조창삼 지음

'완성하기 편'을 마친 분들이 배워야 할 초반의 포석, 중반의 전투, 종반의 끝내기 등 바둑의 한 판 과정에
서 필요한 핵심 기술을 초심자의 눈높이에서 보여준다.

| AI 최강 바둑 시리즈 |

최강 입문

인공지능 바둑시대 원리를 알고 파헤쳐 단숨에 바둑 두기! 초급자도 생각의 틀을 잡는 필독 입문서!

01 규칙편 264쪽 | 이하림 지음 · 진동규 감수

02 기술편 264쪽 | 이하림 지음 · 진동규 감수

최강 정석

인공지능 바둑시대 정석에서 진화된 수법 총정리! 혁신적인 AI의 안목으로 고정관념을 깨라!

01 화점 기본편 320쪽 | 이하림 지음 · 김일환 감수

02 화점 협공편 276쪽 | 이하림 지음 · 김일환 감수

03 소목 정석편 304쪽 | 이하림 지음 · 김일환 감수

최강 포석

인공지능 바둑시대 포석에서 진화된 수법 총정리! 혁신적인 AI의 안목으로 고정관념을 깨라!

01 화점 포석편 320쪽 | 이하림 지음 · 김일환 감수

02 소목 포석편 320쪽 | 이하림 지음 · 김일환 감수

최강 전투

인공지능 바둑시대 국면을 주도하는 능률적 전투 요령! 혁신적인 AI의 안목으로 고정관념을 깨라!

280쪽 | 이하림 지음 · 김일환 감수